中等职业教育课程改革国家规划新教材
全国中等职业教育教材审定委员会审定

金属加工与实训

——铣工实训

主　编　李德富

副主编　王　兵

参　编　李贞权　尹述军　崔先虎

　　　　周新沙　杨　冰

主　审　叶旭明　王少岩

机械工业出版社

本书是中等职业教育课程改革国家规划新教材，是根据教育部于2009年发布的《中等职业学校金属加工与实训教学大纲》，同时参考《铣工国家职业标准》编写的。本书的主要内容包括铣工入门、铣压板、高速铣削平形铁、铣 T 形键块、铣车床挂架、铣轴上键槽、铣 T 形槽、铣 V 形槽、铣燕尾槽和燕尾块、铣花键轴，共 10 个项目。本书着重培养学生的动手能力和创新能力，突出了融理论知识于生产实际的课程改革要求，充分体现了课程改革新教材的科学性、基础性、直观性和实用性的特点，强调"在做中教、在做中学"，即教、学、做一体化的教学要求。为便于教学，本书配套有电子教案、助教课件、教学视频等教学资源，选择本书作为教材的教师可来电（010-88379193）索取，或登录 www.cmpedu.com 网站，注册、免费下载。

本书可作为中等职业学校机械类及工程技术类相关专业教材，也可作为企业培训部门、职业技能鉴定培训机构、再就业和农民工培训机构的岗位培训教材。

图书在版编目（CIP）数据

金属加工与实训——铣工实训/李德富主编 . —北京：机械工业出版社，2010.4（2025.8 重印）

中等职业教育课程改革国家规划新教材

ISBN 978-7-111-29859-5

Ⅰ.①金…　Ⅱ.①李…　Ⅲ.①金属加工—专业学校—教材②铣削—专业学校—教材　Ⅳ.①TG

中国版本图书馆 CIP 数据核字（2010）第 030533 号

机械工业出版社（北京市百万庄大街 22 号　邮政编码 100037）
策划编辑：崔占军　张云鹏　责任编辑：张云鹏
封面设计：姚　毅　　　　责任校对：姜　婷
责任印制：刘　媛
北京富资园科技发展有限公司印刷
2025 年 8 月第 1 版第 7 次印刷
184mm×260mm·10.5 印张·257 千字
标准书号：ISBN 978-7-111-29859-5
定价：35.00 元

电话服务　　　　　　　　　网络服务
客服电话：010-88361066　机 工 官 网：www.cmpbook.com
　　　　　010-88379833　机 工 官 博：weibo.com/cmp1952
　　　　　010-68326294　金 书 网：www.golden-book.com
封底无防伪标均为盗版　机工教育服务网：www.cmpedu.com

中等职业教育课程改革国家规划新教材
出 版 说 明

为贯彻《国务院关于大力发展职业教育的决定》（国发〔2005〕35 号）精神，落实《教育部关于进一步深化中等职业教育教学改革的若干意见》（教职成〔2008〕8 号）关于"加强中等职业教育教材建设，保证教学资源基本质量"的要求，确保新一轮中等职业教育教学改革顺利进行，全面提高教育教学质量，保证高质量教材进课堂，教育部对中等职业学校德育课、文化基础课等必修课程和部分大类专业基础课教材进行了统一规划并组织编写，从 2009 年秋季学期起，国家规划新教材将陆续提供给全国中等职业学校选用。

国家规划新教材是根据教育部最新发布的德育课程、文化基础课程和部分大类专业基础课程的教学大纲编写，并经全国中等职业教育教材审定委员会审定通过的。新教材紧紧围绕中等职业教育的培养目标，遵循职业教育教学规律，从满足经济社会发展对高素质劳动者和技能型人才的需要出发，在课程结构、教学内容、教学方法等方面进行了新的探索与改革创新，对于提高新时期中等职业学校学生的思想道德水平、科学文化素养和职业能力，促进中等职业教育深化教学改革，提高教育教学质量将起到积极的推动作用。

希望各地、各中等职业学校积极推广和选用国家规划新教材，并在使用过程中，注意总结经验，及时提出修改意见和建议，使之不断完善和提高。

教育部职业教育与成人教育司
2010 年 6 月

中等职业教育课程改革国家规划新教材
编审委员会

前　言

为贯彻《国务院关于大力发展职业教育的决定》精神，落实《教育部关于进一步深化中等职业教育教学改革的若干意见》关于"加强中等职业教育教材建设，保证教学资源基本质量"的要求，确保新一轮中等职业教育教学改革顺利进行，全面提高教育教学质量，保证高质量教材进课堂，教育部对中等职业学校德育课、文化基础课等必修课程和部分大类专业基础课教材进行了统一规划并组织编写。本书是中等职业教育课程改革国家规划新教材之一，是根据教育部于2009年发布的《中等职业学校金属加工与实训教学大纲》，同时参考《铣工国家职业标准》编写的。

本书主要内容包括铣工入门、铣压板、高速铣削平形铁、铣T形键块、铣车床挂架、铣轴上键槽、铣T形槽、铣V形槽、铣燕尾槽和燕尾块、铣花键轴，共10个项目。本书重点强调培养学生的动手能力和创新能力，其编写力求体现"在做中教、在做中学"，即教、学、做一体化的特色。本教材编写模式新颖、图文并茂、准确规范，符合中等职业学校学生的认知规律，与现代教学法相适应。

在本课程的教学过程中，应充分利用现代多媒体技术，利用数字化教学资源作为辅助教学，与各种教学要素和教学环节有机结合，创建符合个性化学习并加强实践能力培养的教学环境，提高教学的效率和质量，并推动教学模式和教学方法的变革。本教材参考学时数为72，学时分配建议见下表，各校可根据自身的实际情况选取实训任务制订教学方案。

内　　容	学　时　数
铣工入门	2
铣压板	10
高速铣削平形铁	2
铣T形键块	6
铣车床挂架	8
铣轴上键槽	6
铣T形槽	8
铣V形槽	8
铣燕尾槽和燕尾块	12
铣花键轴	10
合计	72

本书由湖北荆州市高级技工学校李德富主编，并编写项目一及项目二，南京市莫愁中等专业学校杨冰编写项目三，湖北荆州市劳动中等专业学校王兵编写项目四和项目五，湖北荆州市高级技工学校李贞权编写项目六，湖北荆州市劳动中等专业学校尹述军编写项目七和项目八，湖北荆州市高级技工学校崔先虎编写项目九，湖北神电汽车零部件有限公司周新沙编

写项目十。本书大纲由湖北荆州高级技工学院胡农审定。本书经全国中等职业教育教材审定委员会审定，由叶旭明、王少岩主审。教育部评审专家、主审专家在评审及审稿过程中对本书内容及体系提出了很多中肯宝贵的建议，在此对他们表示衷心的感谢！为便于教学，本书配套有视频光盘。

编写过程中，编者参阅了国内外出版的有关教材和资料，得到了葛涛、刘建雄的指导，在此一并表示衷心感谢！

由于编者水平有限，书中不妥之处在所难免，恳请广大读者批评指正。

编　者

目 录

前言

项目一 铣工入门

本项目主要学习铣工加工的工作内容、常用铣床及其各部分的名称、X6132 型卧式铣床的操作、X5032 型立式铣床的操作和铣工常用工具及其使用。

任务一 认识铣床

学习目标

本任务主要学习铣工加工的工作内容和常用铣床及其各部分的名称。通过学习，了解铣工加工的工作内容，了解 X6132 型卧式铣床和 X5032 型立式铣床各部分的名称，对常用铣床有一个初步的认识。

相关知识

铣工是指在铣床（或镗铣床）上利用镗刀或铣刀等刀具进行切削加工，使工件获得图样所要求的精度（包括尺寸、形状和位置精度）和表面质量的一个工种。

一、铣工加工的工作内容

铣工是利用旋转的多刃刀具来进行切削的，故其具有效率较高、加工范围广等特点，可铣平面、台阶、沟槽、成形面、特形沟槽、齿轮、螺旋槽、牙嵌式离合器，以及切断和镗孔等，如图 1-1 所示。另外，铣削的加工精度也较高，其经济加工精度一般为 IT8 ~ IT9 级，表面粗糙度值为 $R_a 1.6 ~ R_a 12.5 \mu m$。精细加工时，其加工精度可高达 IT5 级，表面粗糙度值可达 $R_a 0.2 \mu m$。因此，铣削加工在机械制造业中得到广泛的应用。

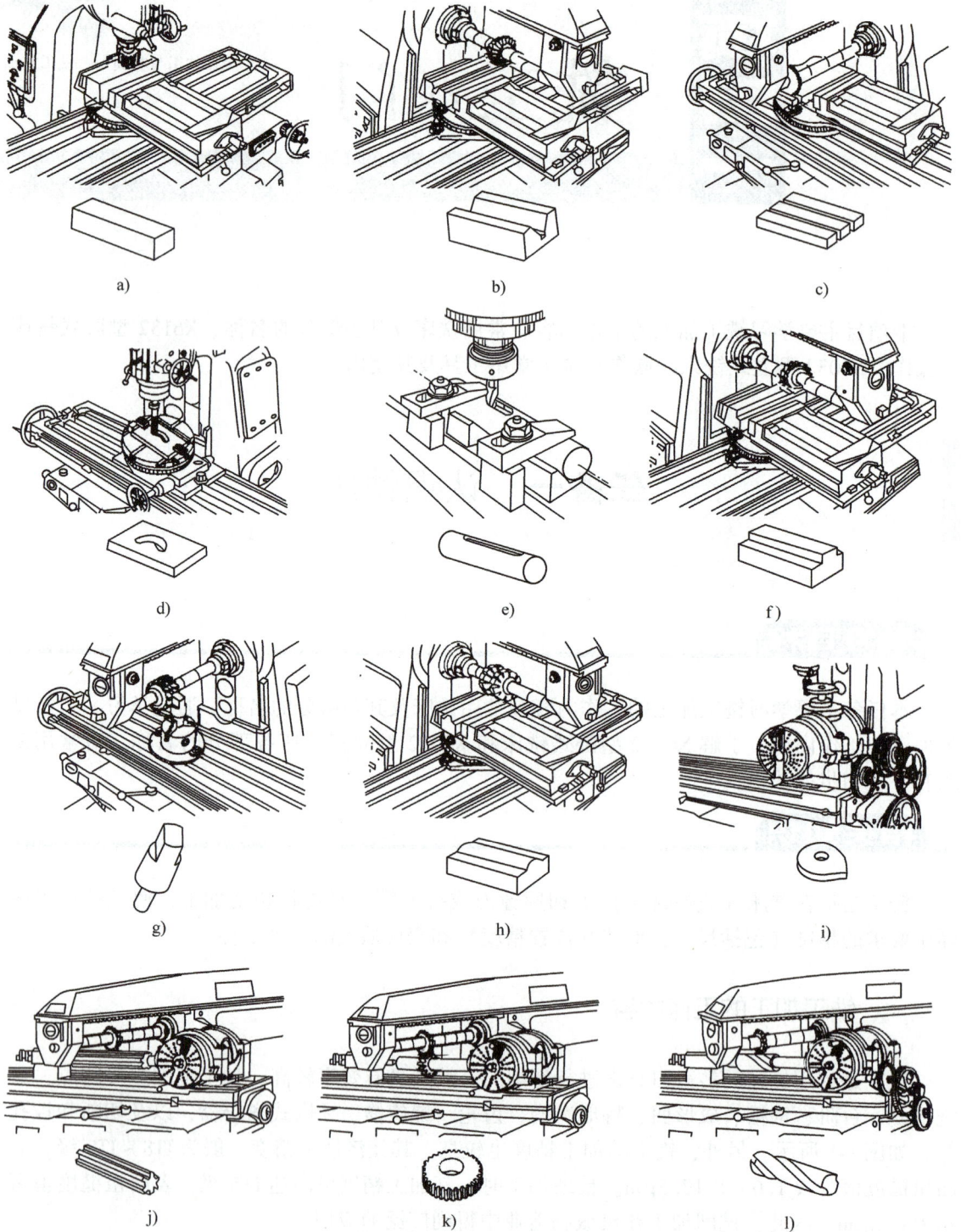

图 1-1　铣工加工的工作内容

a）铣平面　b）铣 V 形槽　c）切断　d）铣圆弧槽　e）铣键槽　f）铣台阶
g）铣两侧面　h）铣成形面　i）铣凸轮　j）铣花键轴　k）铣直齿槽圆柱齿轮　l）铣螺旋槽

二、常用铣床及其各部分的名称

升降台式铣床的主要特征是它带有升降台，即其工作台除沿纵向、横向导轨作左右、前后运动外，还可沿升降导轨随升降台作上下运动。

升降台式铣床用途广泛、加工范围广、通用性强，是铣削加工中的常用铣床。根据其结构形式和使用特点的不同，升降台铣床又分为卧式铣床和立式铣床两种。

1. 卧式铣床

图 1-2 所示为 X6132 型卧式铣床。卧式铣床的主要特征是铣床主轴轴线与工作台台面平行，因主轴呈横卧位置放置，所以称其为卧式铣床。铣削时，将铣刀安装在与主轴相连接的刀杆上，随主轴作旋转运动，待加工工件装夹在工作台面上，与铣刀作相对进给运动，从而完成切削过程。

卧式铣床加工范围很广，可以加工沟槽、平面、成形面和螺旋槽等。

常用卧式铣床的型号有 X6030、X6120、XQ6125A、X6130 和 X6132 等。

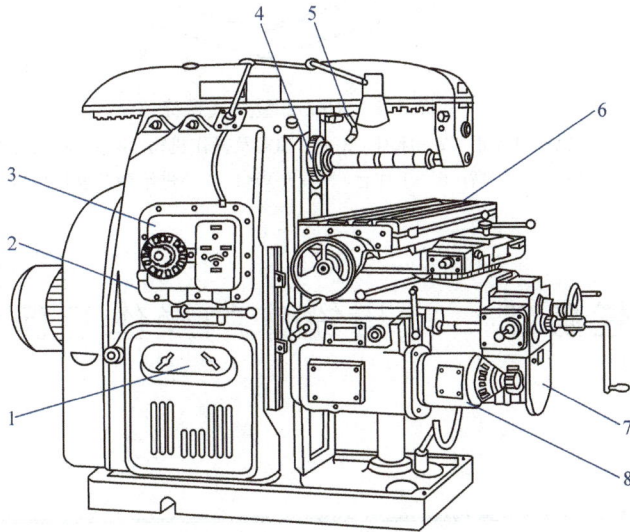

图 1-2　X6132 型卧式铣床

1—机床电控柜　2—床身　3—主轴箱及操作机构　4—主轴及刀杆
5—冷却喷嘴　6—工作台　7—升降台　8—进给箱及操作机构

2. 立式铣床

图 1-3 所示为 X5032 型立式铣床。立式铣床的主要特征是铣床主轴轴线与工作台台面垂直，因主轴呈竖立位置放置，所以称其为立式铣床。铣削时，铣刀安装在与主轴相连接的刀轴上，绕主轴作旋转运动，待加工工件装夹在工作台上，与铣刀作相对运动，从而完成切削过程。

立式铣床加工范围也很广。通常，在立式铣床上可以应用面铣刀、立铣刀、成形铣刀等，铣削各种沟槽、表面；另外，利用机床附件，如回转工作台、分度头等，还可以加工圆弧、曲线外形、齿轮、螺旋槽、离合器等较复杂的零件；当生产批量较大时，在立式铣床上采用硬质合金刀具进行高速铣削，可以大大提高生产效率。

常用立式铣床的型号有 X5020B、X5025、X5030、X5032 和 X52A 等。

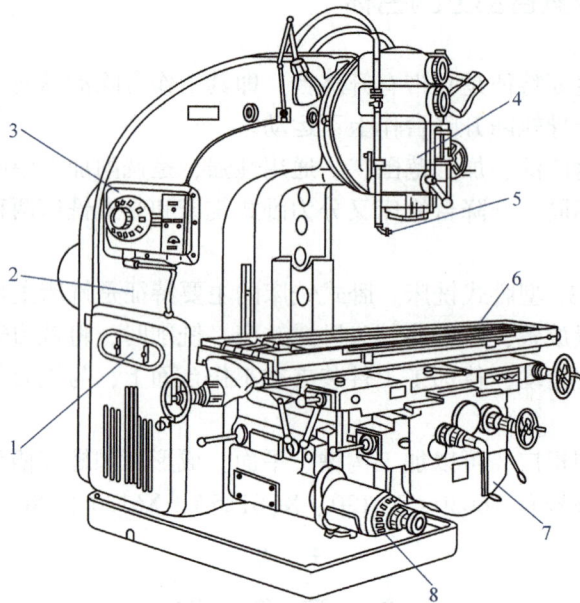

图 1-3   X5032 型立式铣床

1—机床电控柜   2—床身   3—主轴箱及操作机构   4—主轴及刀杆
5—冷却喷嘴   6—工作台   7—升降台   8—进给箱及操作机构

任务二   常用铣床的操作及保养

学习目标

本任务重点介绍 X6132 型卧式铣床的机床电器部分、主轴及传动部分、变速操作部分、工作台部分的操作及常用铣床的维护与保养。通过本任务的操作和训练，能够掌握 X6132 型卧式铣床的正确操作和维护保养。

技能训练

一、机床电器部分操作

铣床的型号很多，本任务以图 1-4 所示的 X6132 型卧式铣床为例，介绍其操作位置及操作方法。

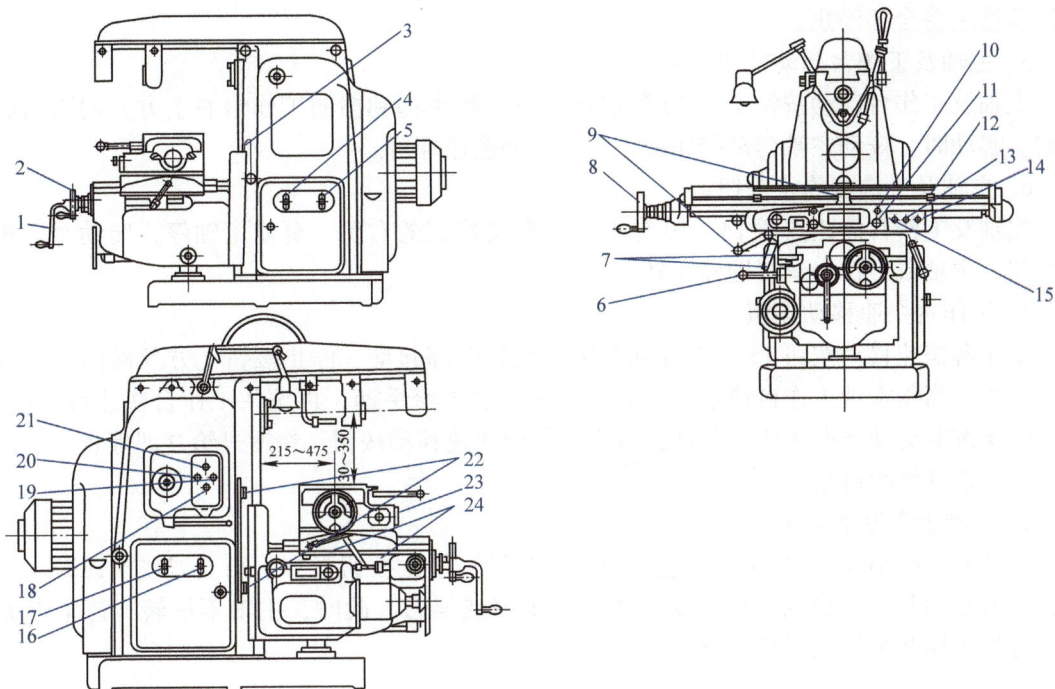

图 1-4 X6132 型卧式铣床操作位置图

1—工作台垂向手动进给手柄 2—工作台横向手动进给手柄 3—垂向工作台紧固手柄
4—冷却泵转换开关 5—圆工作台转换开关 6—工作台横向及垂向机动进给手柄
7—横向工作台紧固手柄 8—工作台纵向手动进给手柄 9—工作台纵向机动进给手柄
10—纵向工作台紧固螺钉 11—回转盘紧固螺钉 12—纵向机动进给停止挡铁
13、20—主轴及工作台起动按钮 14、19—主轴及工作台停止按钮
15、21—工作台快速移动按钮 16—主轴换向转换开关 17—电源转换开关
18—主轴上刀制动开关 22—垂向机动进给停止挡铁
23—手动液压泵手柄 24—横向机动进给停止挡铁

1. 电源转换开关

电源转换开关 17 在床身左侧下部。操作机床时，先将转换开关按顺时针方向转换至接通位置。操作结束后，再按逆时针方向将电源转换开关转换至断开位置。

2. 主轴换向转换开关

主轴换向转换开关 16 在电源转换开关的右边。主轴换向转换开关的指针处于中间位置时铣床主轴停止；将主轴换向转换开关按顺时针方向转换至右转位置时，铣床主轴右向旋转；将主轴换向转换开关按逆时针方向转换至左转位置时，铣床主轴左向旋转。

3. 冷却泵转换开关

冷却泵转换开关 4 在床身右侧下部。在操作中需使用切削液时，将冷却泵转换开关转换至接通位置即可。

4. 圆工作台转换开关

圆工作台转换开关 5 在冷却泵转换开关右边。在铣床上使用机动回转工作台时，应将圆

工作台转换开关转换至接通位置。一般情况下，圆工作台转换开关放在停止位置，否则铣床的机动进给将全部停止。

5. 主轴及工作台起动按钮

主轴及工作台起动按钮13、20分别在床身左侧中部和横向工作台右上方，两边为联动按钮。起动时，按动主轴起动按钮或工作台起动按钮即可。

6. 主轴及工作台停止按钮

主轴及工作台停止按钮14、19分别在其起动按钮的右侧。要使主轴停止转动时，按动该按钮，主轴或工作台丝杠即停止转动。

7. 工作台快速移动按钮

工作台快速移动按钮15、21分别在床身左侧中部起动、停止按钮上方及横向工作台右上方左边。当需实现工作台快速移动时，应先开动进给手柄，再按住工作台快速移动按钮，工作台便按原运动方向作快速移动；放开工作台快速移动按钮，快速进给立即停止，工作台以原进给速度继续进给。

8. 主轴上刀制动开关

主轴上刀制动开关18在床身左侧中部，起动、停止按钮下方。当上刀或换刀时，先将主轴上刀制动开关转换到接通位置，然后再上刀或换刀。此时，主轴不旋转，待上刀完毕后，再将转换开关转换到断开位置。

二、主轴、进给变速操作

1. 主轴变速操作

主轴箱装在床身左侧窗口上，变换主轴转速由手柄3和转数盘2来实现，如图1-5所示。主轴转速在30～1500r/min范围内共有18个挡位以供选择。变速时，操作步骤如下：

1）手握变速手柄3，把手柄向下压，使手柄的榫块自固定环4的槽Ⅰ中脱出，再将手柄外拉，使手柄的榫块落入固定环的槽Ⅱ内。

2）转动转数盘2，把所需的转速数字对准指示箭头1。

3）把手柄3向下压后推回原来位置，使榫块落进固定环槽Ⅰ，并使之嵌入槽中。

变速时，扳动手柄的推动速度要快一些。在接近最终位置时，推动速度减慢，以利齿轮啮合。变速时，为了避免损坏齿轮，主轴转动时严禁变速。若出现齿轮相碰的声音，则可通过点动按钮，待主轴停稳后再变速。

2. 进给变速操作

进给箱是一个独立部件，装在垂向工作台的左边，其进给速度在23.5～1180mm/min范围内共有18个挡位以供选择。进给量的变换由进给操作箱来控制，操作箱装在进给箱的前面，如图1-6所示。变换进给速度的操作步骤如下：

1）用双手将蘑菇形手柄1向外拉出。

2）转动蘑菇形手柄1，将转数盘2上所需的进给速度对准指示箭头3。

3）将蘑菇形手柄1再推回原始位置。

变换进给速度时，如果发现手柄无法推回原始位置，则应转动转数盘或将机动进给手柄开动一下。机床在开动的情况下允许进行进给变速操作，但在机动进给时，不允许变换进给速度。

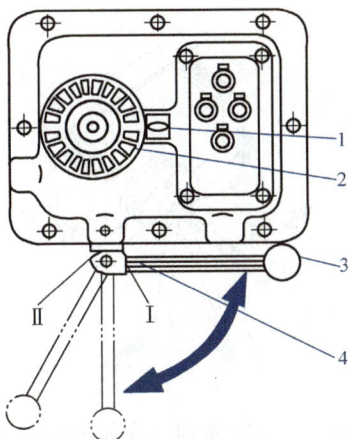

图 1-5 主轴变速操作

1—指示箭头 2—转数盘 3—手柄 4—固定环

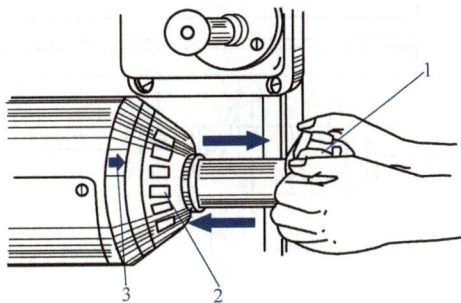

图 1-6 进给变速操作

1—蘑菇形手柄 2—转数盘 3—指示箭头

三、工作台进给操作

1. 工作台手动进给操作

（1）纵向手动进给 工作台纵向手动进给手柄 8 在工作台的左端，如图 1-4 所示。手动进给时，将手柄与纵向丝杠接通，右手握手柄并略加力向里推，左手扶轮子作旋转摇动，如图 1-7 所示。摇动时，速度要均匀适当。顺时针摇动手柄，工作台向右移动作进给运动；反之则向左移动。纵向刻度盘圆周刻线共 120 格，每摇一转，工作台移动 6mm，每摇过一格，工作台移动 0.05mm。

（2）横向手动进给 工作台横向手动进给手柄 2 在垂向工作台前面，如图 1-4 所示。手动进给时，将手柄与横向丝杠接通，右手握手柄，左手扶轮子作旋转摇动。顺时针方向摇动手柄，工作台向前移动；反之则向后移动。每摇一转，工作台移动 6mm，每摇过一格，工作台移动 0.05mm。

（3）垂向手动进给 工作台垂向手动进给手柄 1 在垂向工作台前面左侧，如图 1-4 所示。手动进给时，将手柄离合器接通，双手握手柄。顺时针方向摇动手柄，工作台向上移动；反之则向下移动。垂向刻度盘上共刻有 40 格，每摇一转时，工作台移动 2mm，每摇过一格，工作台移动 0.05mm。

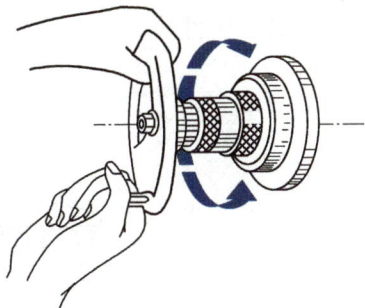

图 1-7 纵向手动进给姿势

2. 工作台机动进给操作

（1）纵向机动进给 工作台纵向机动进给手柄 9（图 1-4）为复式手柄，共有三个位置，即向右、向左及停止，如图 1-8 所示。手柄向右扳动，工作台向右进给；手柄的中间位置为工作台的停止位置；手柄向左扳动，工作台向左进给。

（2）横向、垂向机动进给 工作台横向及垂向机动进给手柄 6（图 1-4）为复式手柄，共有五个位置，即向上、向下、向前、向后及停止。手柄向上扳，工作台向上进给，反之则向下；手柄向前（操作者面对方向）扳，工作台向里进给，反之则向外；手柄处于中间位置时，进给停

止，如图 1-9 所示。

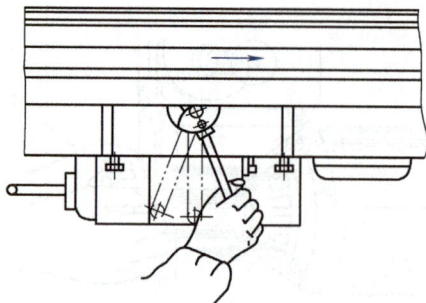

图 1-8　工作台纵向机动进给操作　　　图 1-9　工作台横向、垂向机动进给操作

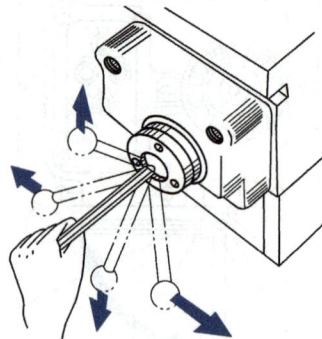

四、常用铣床的维护与保养

铣床的各润滑点如图 1-10 所示，铣床操作人员必须按期、按油质要求加注润滑油。注油工具一般使用手捏式油壶。

1）平时要注意铣床的润滑。操作人员应根据机床说明书的要求，定期加油和调换润滑油。对手动注油液压泵和注油孔等部位，每天应按要求加注润滑油。

2）开机之前，应先检查各部件，例如，操纵手柄、按钮等是否在正常位置，各部件的灵敏度如何等。

3）操作人员必须合理使用机床。铣床的操作人员应掌握一定的基本知识，如合理选用铣削用量、铣削方法，不能让机床超负荷工作等。安装夹具及工件时应轻放。工作台面不应乱放工具、工件等。

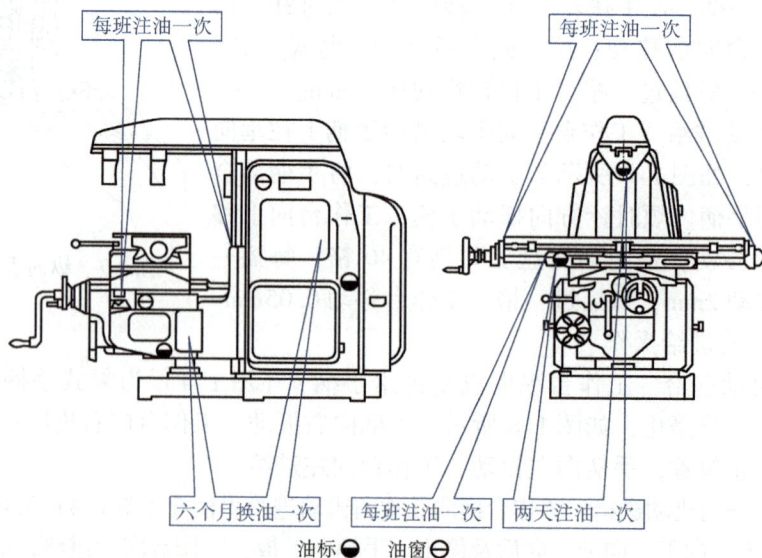

每班注油一次　　　每班注油一次

六个月换油一次　　每班注油一次　　两天注油一次

油标 ● 　油窗 ⊖

图 1-10　X6132 型卧式铣床各润滑点

4）在工作中，应时刻观察铣削情况，如发现异常现象，应立即停机检查。

5）工作完毕应清除铣床上及其周围的切屑等杂物，关闭电源，擦净机床，在滑动部位加注润滑油，整理工具、夹具、计量器具，做好交接班工作。

6）铣床在运转500h后，应进行一级保养。保养作业以操作人员为主、维修工人配合进行，一级保养的具体内容和要求见表1-1。

表1-1 铣床一级保养的内容和要求

序号	保养部位	保养内容和要求
1	外保养	1. 机床外表清洁，各罩盖保持内外清洁，无锈蚀，无"黄袍" 2. 清洗机床附件，并涂油防蚀 3. 清洗各部丝杠
2	传动	1. 修光导轨面毛刺，调整镶条 2. 调整丝杠螺母间隙，丝杠轴向不得窜动，调整离合器摩擦片间隙
3	冷却	1. 清洗过滤网、切削液槽，使其内部无沉淀物、无切屑 2. 根据情况调换切削液
4	润滑	1. 油路畅通无阻，油毛毡清洁，无切屑，油窗明亮 2. 检查手动液压泵，内外清洁无油污 3. 检查油质，应保持良好
5	附件	清洗附件，做到清洁、整齐、无锈迹
6	电器	1. 清扫电器箱、电动机 2. 检查各限位装置，确保其安全可靠

任务三 铣工常用工具及其使用

学习目标

本任务主要学习铣工常用工具，如活扳手（活络扳手）、双头扳手、内六角扳手、可逆式棘轮扳手、柱销钩形扳手、一字和十字螺钉旋具（又名螺丝刀或起子）、锤子、划线盘、锉刀、平行垫块等的正确使用。通过本任务的学习，了解铣工常用工具及其使用。

相关知识

一、活扳手（活络扳手）

如图1-11所示，活扳手由扳口1、扳体2、蜗杆3和扳手体4组成，是用于扳紧六角、四方形螺钉和螺母的工具，其规格是根据扳手长度（mm）和扳口张开尺寸（mm）表示的，

如 300mm×36mm 等。使用时，应根据六角对边尺寸，选用合适的活扳手。

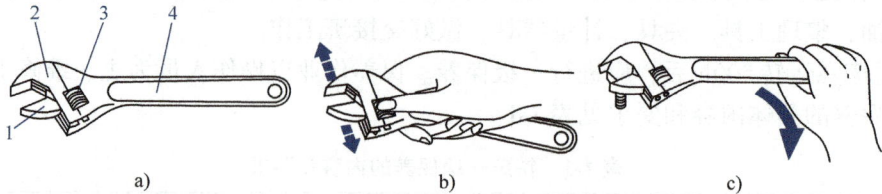

图 1-11　活扳手
a）组成　b）调整　c）使用
1—扳口　2—扳体　3—蜗杆　4—扳手体

二、双头扳手

双头扳手如图 1-12 所示，这类扳手的扳口尺寸是固定的，不能调节。使用时，应根据螺母、螺钉六角对边尺寸选用相对应的扳手。

常用的双头扳手两端钳口的规格尺寸有 5mm×7mm、8mm×10mm、9mm×11mm、12mm×14mm、14mm×17mm、17mm×19mm、19mm×22mm、22mm×24mm、24mm×27mm、27mm×30mm、30mm×32mm 等。

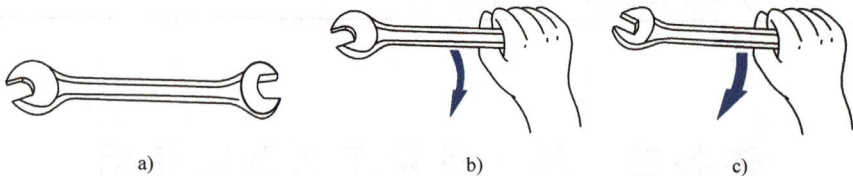

图 1-12　双头扳手
a）双头扳手外形图　b）正确的使用方法　c）不正确的使用方法

三、内六角扳手

内六角扳手如图 1-13 所示，它用于旋紧或松开内六角螺钉。其规格以内六角的对边尺寸表示，常用的有 3mm、4mm、5mm、6mm、8mm、10mm、12mm、14mm、17mm 等规格。使用时，应选用相应的内六角扳手，手握扳手长的一端，将扳手短的一端插入内六角孔中，用力将螺钉旋紧或松开。

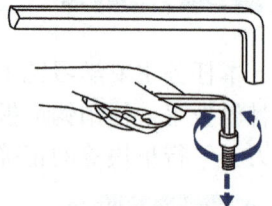

图 1-13　内六角扳手

四、可逆式棘轮扳手

可逆式棘轮扳手如图 1-14 所示，它由四方传动六角套筒 1、扳体 2 和方榫 3 组成。当六

角螺钉埋在孔中，无法用活扳手时，使用这种扳手将显得非常方便。可逆式棘轮扳手有顺、逆两个方向，只要将扳体 2 反向旋转180°后，再插入六角套筒，即可改变扳紧或扳松的方向。

可逆式棘轮扳手的规格是以其六角套筒的对边尺寸来表示的，一般有 10mm、12mm、14mm、17mm、19mm、22mm、24mm等规格。使用时，应选用与六角对边相适应的六角套筒与扳体配合。

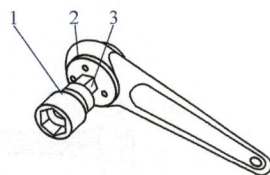

图 1-14 可逆式棘轮扳手
1—四方传动六角套筒
2—扳体 3—方榫

五、柱销钩形扳手

柱销钩形扳手如图 1-15 所示，其作用是用来紧固带槽或带孔圆螺母，其规格是以所紧固螺母直径表示。使用时，根据螺母直径选用，如螺母直径为 $\phi100mm$，则选用 100～110mm 的柱销钩形扳手，然后手握扳手柄部，将扳手的柱销钩嵌入螺母的槽中或孔中，将扳手的内圆卡在螺母外圆上，用力将螺母扳紧或旋松。

图 1-15 柱销钩形扳手

六、一字和十字螺钉旋具（又名螺丝刀或起子）

螺钉旋具如图 1-16 所示，用于旋紧带槽螺钉。根据其头部形状的不同，旋具分为一字螺钉旋具和十字螺钉旋具。

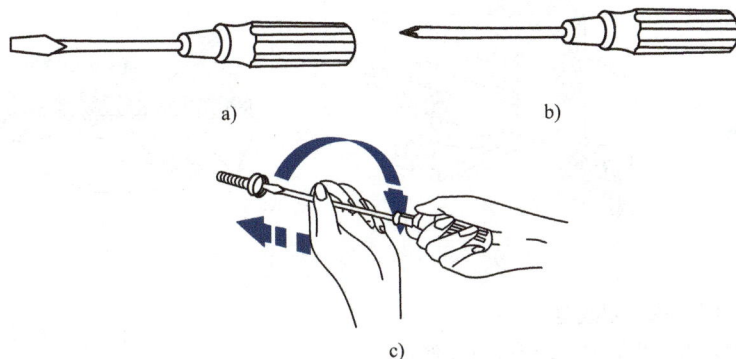

a)

b)

c)

图 1-16 螺钉旋具
a）一字螺钉旋具 b）十字螺钉旋具 c）螺钉旋具使用

七、锤子

锤子如图 1-17 所示。根据锤头材料的不同，锤子分为钢锤和铜锤（或铜棒）等。其中，铜锤用于敲击已加工面。锤子的规格以锤头的质量来表示，如 500g、1000g、1500g 等。

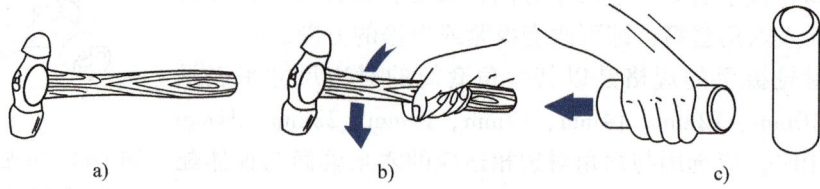

图 1-17　锤子

a）钢锤　b）使用方法　c）铜棒

八、划线盘

常用的划线盘有普通划线盘和可调式划线盘两种。普通划线盘一般用于在工件上划线，如图 1-18a 所示；可调式划线盘用于找正工件，如图 1-18b 所示。

九、锉刀

常用扁锉（平锉），其规格是根据锉刀的长度而定，有 150mm、200mm 和 250mm 等，又分粗齿、中齿和细齿三种。铣工一般使用 200mm 中齿扁锉修去工件毛刺，如图 1-19 所示。

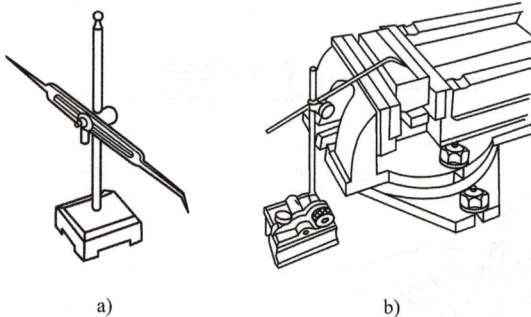

图 1-18　划线盘

a）普通划线盘　b）用可调式划线盘找正工件

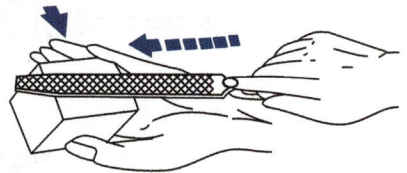

图 1-19　锉刀

十、平行垫块

平行垫块如图 1-20 所示，其作用是在装夹工件时用来支持工件。

垫块的上、下平面应平行，其表面应平整，并具有一定的硬度。使用时，应根据工件的尺寸和装夹要求选择合适的垫块。

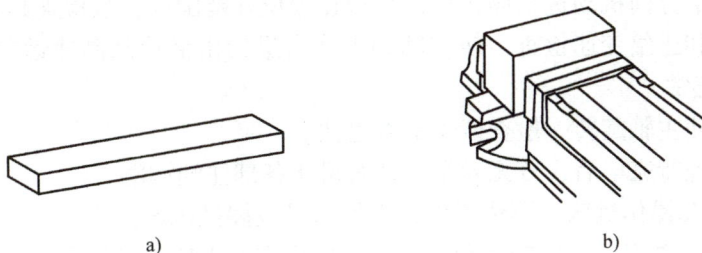

图 1-20　平行垫块及其应用

a）平行垫块　b）用平行垫块垫高装夹工件

任务四　安全文明生产

安全文明生产直接涉及国家、工厂及个人的根本利益，即影响着工厂的产品质量和经济效益，影响着设备的利用率和使用寿命，影响着工人的人身安全。

一、实训课守则

1）上下课有秩序地进出实训场地。

2）上课前，所有同学应穿好工作服。女同学必须戴工作帽，辫子盘在工作帽内。

3）不准穿背心、拖鞋或戴围巾进入实训场地。

4）实训课上应团结互助，遵守纪律，不准随便离开实训场地。

5）实训中应严格遵守安全操作规程，避免出现人身和机床事故。

6）爱护工具、量具，爱护机床和实训车间的其他设备。

7）注意防火，注意安全用电。实训场地的电气设备出现故障时，应立即关闭电源，报告实训教师，不得擅自进行处理。

8）做到文明生产，保持工作位置的整洁。

9）节约原材料、水电、油料和其他辅助材料。

10）实训课结束后应认真擦拭机床、工具、量具和其他附件，清扫工作场地，关闭电源。

二、安全技术操作规程

1）实训前对所使用机床的检查。

① 检查各手柄的原始位置是否正常。

② 手摇各进给手柄，检查各进给方向是否正常。

③ 检查各进给方向机动进给停止挡铁是否在限位柱范围内，且检查其是否牢靠。

④ 进行主轴和进给变速检查，使主轴和工作台进给由低速到高速运转，检查主轴和进给系统工作是否正常。

⑤ 开动机床使主轴旋转，检查齿轮是否甩油。

⑥ 以上工作进行完毕后，若无异常，则对机床各部注油润滑。

2）不准戴手套操作机床、测量工件、更换刀具或擦拭机床。

3）装卸工件、铣刀，变换转速和进给量，搭配交换齿轮，必须在停车时进行。

4）实训操作时，严禁离开工作岗位，不准做与操作内容无关的其他事情。

5）工作台机动进给时，手动进给离合器应脱开，以防手柄随轴旋转伤人。

6）不准两个进给方向同时开动机动进给。机动进给时，不准突然变换进给速度。

7）进给过程中不准测量工件，不准用手摸工件加工表面。机动进给完毕，应先停止进给，再停止铣刀旋转。

8）装卸机床附件时，必须有他人帮助。装卸时应擦净工作台面和附件基准面。

9）爱护机床工作台面和导轨面。毛坯件、锤子、扳手等，不准直接放在工作台面和导轨面上。

10）高速铣削或磨刀时应戴防护眼镜。

11）实训操作中，出现异常现象应及时停车检查。出现事故应立即切断电源，报告实训教师。

12）机床不使用时，各手柄应置于空挡位置，各进给紧固手柄应松开，工作台应处于中间位置，导轨面应适当涂润滑油。

项目二 铣压板

本项目主要学习平面、长方体、斜面和封闭槽的铣削方法。通过本项目的学习和训练，能够完成图 2-1 所示零件的铣削加工。

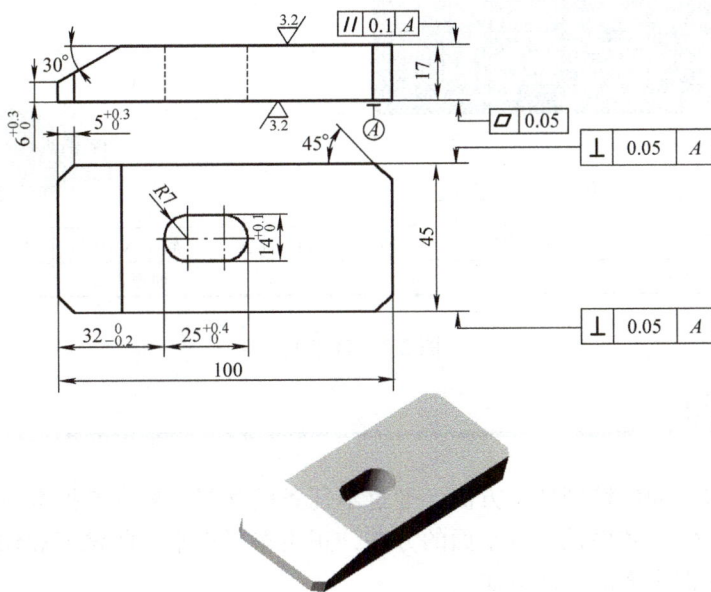

图 2-1 压板

任务一　铣平面

零件图

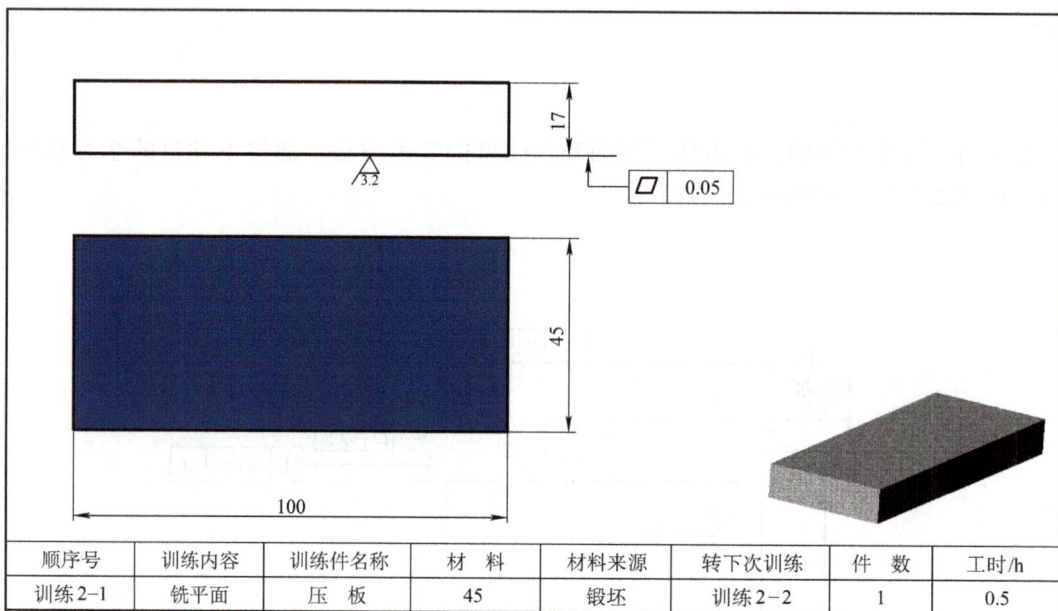

顺序号	训练内容	训练件名称	材　料	材料来源	转下次训练	件　数	工时/h
训练2–1	铣平面	压　板	45	锻坯	训练2–2	1	0.5

图2-2　铣平面

学习目标

本任务是学习平面的铣削加工方法。通过本任务的学习，要求掌握顺铣、逆铣的铣削方式，正确选择圆柱铣刀和面铣刀铣平面的方法，正确选择铣平面的铣刀和切削用量，正确区别顺铣和逆铣并掌握平面的检测方法。

相关知识

平面铣削是铣工基本的工作内容，也是进一步掌握铣削其他各种复杂表面的基础。

一、平面铣削的技术要求

在各个方向上都成直线的面称为平面。平面是机械零件的基本表面之一。平面铣削的技

术要求包括平面度和表面粗糙度，还常包括相关毛坯面加工余量的尺寸要求。

二、铣平面用铣刀

1. 铣平面用铣刀的类型

铣平面用铣刀如图 2-3 所示，常用的有圆柱铣刀、套式面铣刀和机夹式面铣刀。

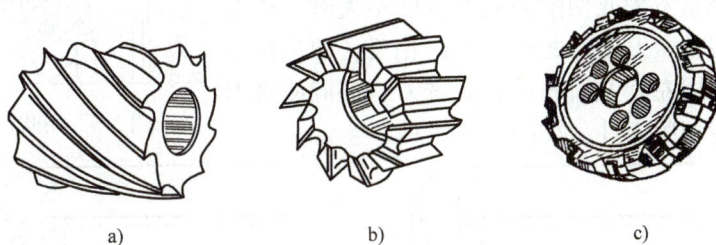

a)   b)   c)

图 2-3　铣平面用铣刀
a）圆柱铣刀　b）套式面铣刀　c）机夹式面铣刀

2. 铣刀的选择和安装

（1）铣刀直径和宽度的选择　用圆柱铣刀铣平面时，所选择的铣刀宽度应大于工件加工表面的宽度，这样可以在一次进给中铣出整个加工表面，如图 2-4 所示。

一般情况下，尽可能选用较小直径规格的铣刀，因为铣刀的直径大，则铣削力矩增大，易造成铣削振动，而且铣刀的切入长度增加，使铣削效率下降。面铣刀直径的选择见表 2-1。

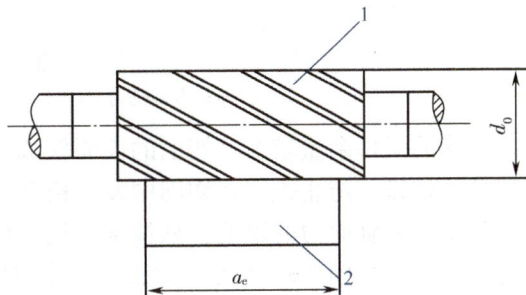

图 2-4　铣刀宽度应大于工件加工面宽度
1—圆柱铣刀　2—工件

表 2-1　面铣刀直径的选择 　　　　　　　　（单位：mm）

铣削宽度 a_e	40	60	80	100	120	150	200
铣刀直径 d_0	50～63	80～100	100～125	125～160	160～200	200～250	250～315

（2）铣刀齿数的选择　硬质合金面铣刀的齿数有粗齿、中齿和细齿之分，见表 2-2。粗齿面铣刀适用于钢件的粗铣；中齿面铣刀适用于铣削带有断续表面的铸铁件或对钢件的连续表面进行粗铣或精铣；细齿面铣刀适用于机床功率足够的情况下对铸铁进行粗铣或精铣。

表 2-2　硬质合金面铣刀的齿数选择

铣刀直径 d_0/mm		50	63	80	100	125	160	200	250	315	400	500
齿数	粗齿		3	4	5	6	8	10	12	16	20	26
	中齿	3	4	5	6	8	10	12	16	20	26	34
	细齿			6	8	10	14	18	22	28	36	44

用圆柱铣刀铣平面时，可在卧式铣床上铣削，如图2-5所示。

（3）铣刀的安装　为了增加铣刀切削时的刚性，应尽量靠近床身安装铣刀，同时，也应尽量靠近铣刀安装挂架。由于铣刀的前刀面[一]形成切削，铣刀应向着前刀面的方向旋转切削工件，否则会因刀具不能正常切削而崩刃。

切除的工件余量不大或切削的表面宽度不大时，铣刀的旋转方向应与刀轴紧刀螺母的旋紧方向相反，即从挂架一端观察，无论使用左旋铣刀还是右旋铣刀，都应使铣刀按逆时针方向旋转切削工件，如图2-6所示。

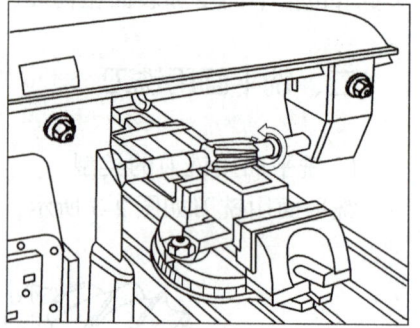

图2-5　用圆柱铣刀铣平面

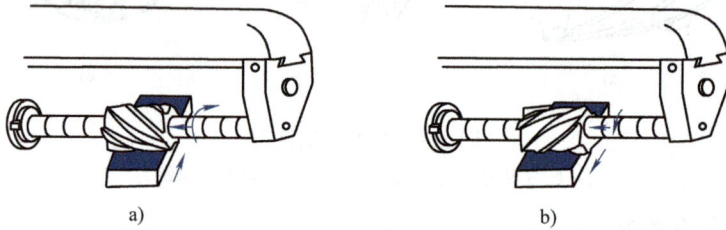

图2-6　轴向力指向铣床主轴
a）右旋铣刀顺时针旋转　b）左旋铣刀逆时针旋转

切除的工件余量较大、切削的表面较宽或切削的工件材料硬度较高时，应在铣刀和刀轴间安装定位键，防止铣刀在切削中发生松动，如图2-7所示。

为了克服轴向力的影响，从挂架一端观察，使用右旋铣刀时，应使铣刀按顺时针方向旋转铣削工件，如图2-6a所示；使用左旋铣刀时，应使铣刀按逆时针方向旋转铣削工件，如图2-6b所示，这样可使轴向力指向铣床主轴，增加铣削工作的平稳性。

3. 顺铣和逆铣

铣刀的旋转方向与工件进给方向相同时称为顺铣，如图2-8a所示；铣刀的旋转方向与工件进给方向相反时称为逆铣，如图2-8b所示。

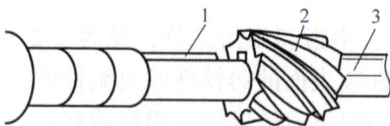

图2-7　在铣刀和刀轴间安装定位键
1—定位键　2—圆柱铣刀　3—刀轴

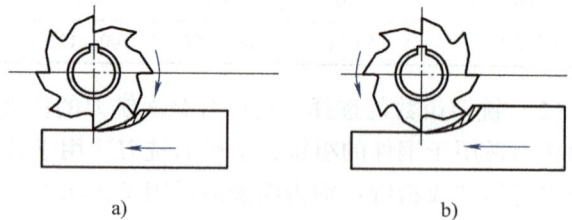

图2-8　顺铣和逆铣
a）顺铣　b）逆铣

[一] 国标 GB/T 12204—1990 中规定，刀具上切屑流过的表面称为前面，与工件上切削中产生的表面相对的表面称为后面。但为了区别于其空间意义上的前面、后面，本书中使用前刀面或后刀面。

顺铣时，因工作台丝杠和螺母间的传动间隙会使工作台窜动，以致啃伤工件，损坏刀具，所以一般情况下都采用逆铣。使用 X6132 铣床工作时，由于工作台丝杠和螺母间有间隙补偿机构，精加工时可以采用顺铣。没有丝杠、螺母间隙补偿机构的铣床，不准采用顺铣。

4. 铣削用量的选择

铣削用量应根据工件材料，工件加工表面的余量，工件加工的表面粗糙度要求，以及铣刀、铣床、夹具等条件确定。合理的铣削用量能提高生产效率、表面质量和刀具的使用寿命。

（1）粗铣和精铣　工件加工表面被切除的余量较大，一次进给中不能全部切除，或者工件加工表面的质量要求较高时，可分粗铣和精铣两步完成。粗铣是为了去除工件加工表面的余量，为精铣做好准备工作，精铣是为了提高加工表面的表面质量。

（2）粗铣时的切削用量　粗铣时，应选择较大的背吃刀量、较低的主轴转速和较大的进给量。

确定背吃刀量时，一般零件的加工表面，加工余量在 2～5mm 之间，可一次切除。

选择进给量时，应考虑切削刃的强度，机床、夹具的刚性等因素。加工钢件时，每齿进给量可取 0.05～0.15mm/z；加工铸铁件时，每齿进给量可取 0.07～0.2mm/z。

选择主轴转速时，应考虑铣刀的材料、工件的材料及切除的余量，所选择的主轴转速不能超出高速钢铣刀所允许的切削速度范围，即 20～30m/min；切削钢件时，主轴转速取高些，切削铸铁件时，或切削的材料强度、硬度较高时，主轴转速取低些。

例：使用直径 $\phi80$mm，齿数为 8 的圆柱铣刀，切削用量的选择如下：

粗铣一般钢材时，取进给速度 $v_f = 60～75$mm/min，主轴转速 $n = 95～118$r/min；

粗铣铸铁件时，取进给速度 $v_f = 60～75$mm/min，主轴转速 $n = 75～95$r/min。

（3）精铣时的切削用量　精铣时，应选择较小的背吃刀量、较高的主轴转速、较低的进给量。精铣时的背吃刀量可取 0.5～1mm。精铣时进给量的大小，应考虑能否达到加工的表面粗糙度要求，这时应以每转进给量为单位来选择，每转进给量可取 0.3～1mm/r。选择主轴转速时，应比粗铣时提高 30% 左右。

例：使用直径 $\phi80$mm、齿数为 10 的圆柱铣刀，切削用量的选择如下：

精铣一般钢件，背吃刀量 $a_p = 0.5$mm，主轴转速 $n = 150$r/min，进给速度 $v_f = 75$mm/min。

5. 对刀调整背吃刀量的方法

机床各部调整完毕，工件装夹校正后，需要进行对刀调整背吃刀量的操作，如图 2-9 所示，具体步骤如下。

1）起动机床，使铣刀旋转。

2）手摇各个进给手柄，使工件处于旋转的铣刀下面，如图 2-9a 所示。

3）手摇垂直进给手柄上升工作台，使铣刀轻轻划着工件，如图 2-9b 所示。

4）手摇纵向进给手柄使工件退出铣刀，上升垂直进给调整好背吃刀量，将横向进给紧固，如图 2-9c 所示。

5）手摇纵向进给手柄使工件接近铣刀，扳动纵向机动进给手柄，机动进给铣去工件余量，如图 2-9d 所示。

6）进给完毕，停止主轴旋转，降落工作台，将工件退回原位并卸下。

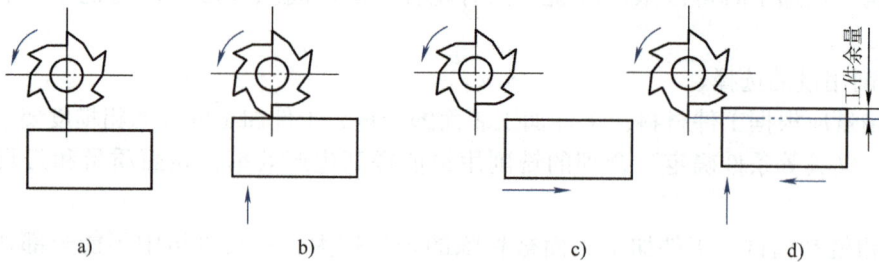

a) b) c) d)

图 2-9 对刀调整背吃刀量

a）工件处于旋转的铣刀下 b）铣刀轻划工件 c）工件退出铣刀 d）调整背吃刀量切削工件

三、用面铣刀铣平面

用面铣刀铣平面如图 2-10 所示。

1. 铣刀的选择

用面铣刀铣平面时，为了使加工平面在一次进给中铣成，铣刀的直径应等于被加工表面宽度的 1.2～1.5 倍，如图 2-11 所示。

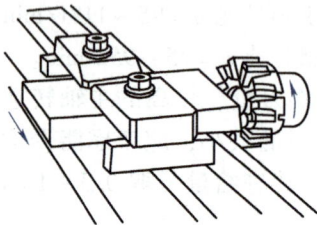

图 2-10 用面铣刀铣平面

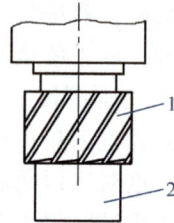

图 2-11 铣刀的直径应大于被加工表面宽度

1—铣刀 2—工件

2. 对称铣削与不对称铣削

工件的中心处于铣刀中心时称为对称铣削，如图 2-12a 所示。对称铣削时，一半为顺铣，另一半为逆铣。当工件的加工表面宽度较宽，接近于铣刀直径时，应采用对称铣削。

工件的中心偏在铣刀中心的一侧时称为不对称铣削。不对称铣削也有顺铣和逆铣的区别。大部分为顺铣，少部分为逆铣，称为顺铣，如图 2-12b 所示；大部分为逆铣，少部分为顺铣，称为逆铣，如图 2-12c 所示。铣平面时，应尽量采用不对称逆铣，以减少铣削中工件的窜动。

3. 校正立铣头主轴轴线与工作台台面的垂直度

在 X6132 铣床上安装万能立铣头，用面铣刀铣平面时，如果立铣头主轴轴线与工作台台面不垂直，用纵向进给铣削工件，则会铣出一个凹面，如图 2-13 所示，影响加工表面的

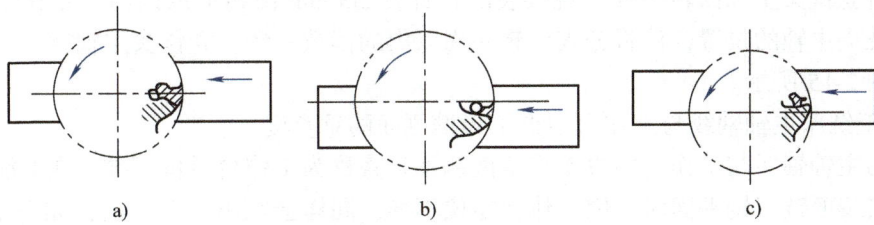

图 2-12　对称铣削与不对称铣削
a）对称铣削　b）不对称顺铣　c）不对称逆铣

平面度。除此之外，在铣削沟槽、斜面等其他零件时，也会产生斜面不准、沟槽底面不平或倾斜等现象。因此，立铣头安装后，应校正立铣头主轴轴线与工作台台面的垂直度。校正的方法有以下两种：

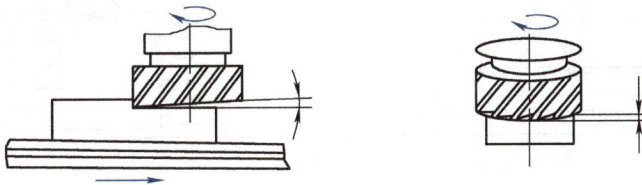

图 2-13　在立式铣床上用面铣刀铣出凹面

（1）用直角尺和锥度心轴进行校正　校正时，取一锥度与立铣头主轴锥孔锥度相同的心轴，插入立铣头主轴锥孔。轻轻用力将心轴的锥柄插入立铣头主轴锥孔，将直角尺的尺座底面贴在工作台台面上，使直角尺尺苗的外侧面靠向心轴的圆柱部分，用肉眼观察直角尺尺苗外侧面与心轴圆柱面是否密合，确定立铣头主轴轴线是否与工作台台面垂直。检测时，应松开铣头壳体和主轴座体的紧固螺母，使直角尺的尺座分别在与纵向工作台行程方向平行和垂直的两个方向检测，如图 2-14 所示。

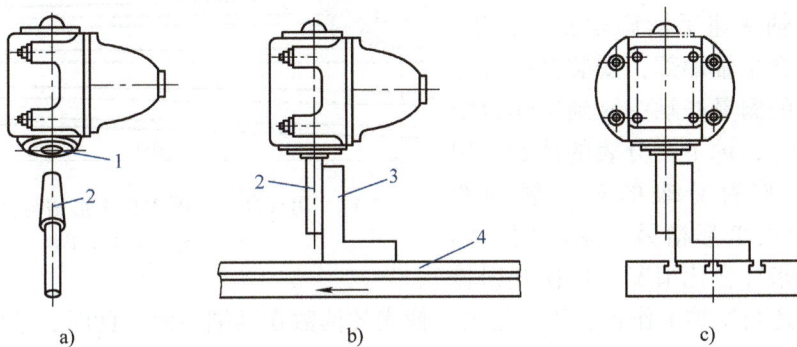

图 2-14　用直角尺校正立铣头主轴轴线与工作台台面垂直
a）将心轴插入立铣头主轴锥孔　b）与纵向进给方向平行检测　c）与纵向进给方向垂直检测
1—立铣头主轴　2—心轴　3—直角尺　4—工作台

（2）用百分表进行校正　校正时，将百分表的表杆通过心轴夹持在立铣头主轴上，然后安装百分表，使表的测量触头与工作台台面接触，活动测量杆压缩 0.3 ~ 0.4mm，记下表

的读数，将立铣头主轴回转一周，观察表的指针在 300mm 回转范围以内的变化情况，再适当调整立铣头主轴的位置，使百分表回转一周以内的读数一致，立铣头主轴就与工作台台面垂直，如图 2-15 所示。

4. 校正铣床主轴轴线与工作台中央 T 形槽侧面的垂直度

铣床的主轴轴线与工作台中央 T 形槽两侧不垂直称为工作台零位不准。在万能铣床的主轴锥孔内安装面铣刀铣平面时，因工作台零位不准，同样会铣出一个凹面，如图 2-16 所示。铣阶台、沟槽等零件时，用中央 T 形槽定位安装夹具、附件等也会产生不良影响，所以应校正工作台零位的正确性。校正的方法有以下两种：

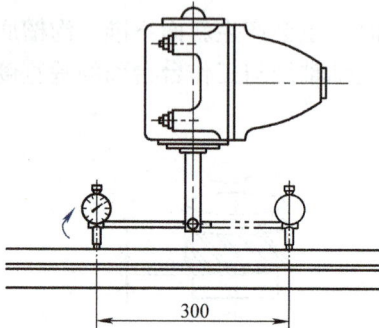

图 2-15　用百分表校正立铣头主轴轴线与工作台台面垂直

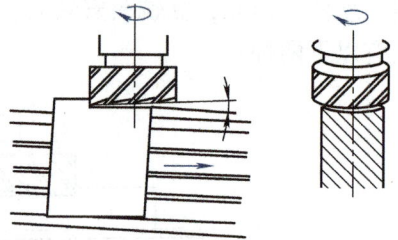

图 2-16　面铣刀铣平面时铣出凹面

（1）利用回转盘的刻度进行校正　在加工一般要求的工件时，只要使回转盘的"零"刻度对准床鞍上的基准线，工作台中央 T 形槽两侧就与铣床主轴轴线垂直。

（2）用百分表进行校正　加工精度要求较高的零件时，可用百分表进行校正。校正时，把主轴变速手柄调至脱开位置。将磁性表座吸在主轴端部，安装杠杆百分表，使百分表的测量杆触头触到工作台中央 T 形槽侧面上，记下百分表的读数。用手转动主轴，使百分表的触头触到约 300mm 长的中央 T 形槽另一端的同一侧面，观察表的指针变化情况。再松开回转盘紧固螺钉，适当调整工作台，进行检测，使表的读数在两端一致。此时，铣床主轴轴线便

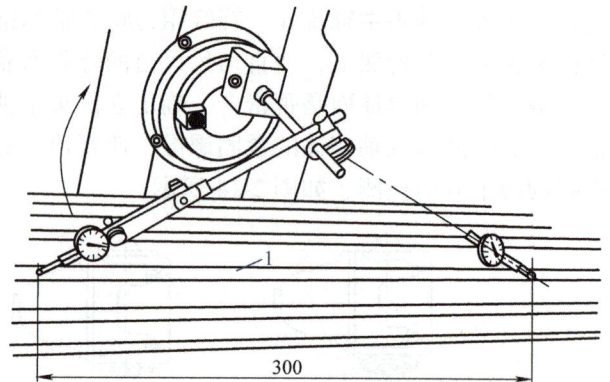

图 2-17　用百分表检测中央 T 形槽与主轴轴线垂直
1—工作台中央 T 形槽

与工作台中央 T 形槽侧面垂直，如图 2-17 所示。

四、铣平面夹具

机用平口钳是平面铣削的通用夹具，如图 2-18 所示，其规格见表 2-3。

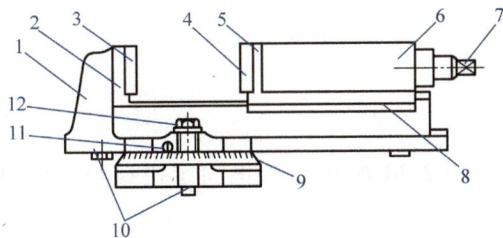

图 2-18 机用平口钳

1—钳体 2—固定钳口 3—固定钳口铁 4—活动钳口铁 5—活动钳口 6—活动钳身
7—丝杠方头 8—压板 9—底座 10—定位键 11—钳体零线 12—螺栓

表 2-3 机用平口钳的规格 （单位：mm）

参　　　数	规　　　格							
	60	80	100	125	136	160	200	250
钳口宽度 B	60	80	100	125	136	160	200	250
钳口最大张开度 A	50	60	80	100	110	125	160	200
钳口高度 h	30	34	38	44	36	50（44）	60（56）	56（60）
定位键宽度 b	10	10	14	14	12	18（14）	18	18
回转角度	360°							

注：规格 60、80 的机用平口钳为精密机用平口钳，适用于工具磨床、平面磨床和坐标镗床。

　　在用机用平口钳装夹不规则形状的工件时，可设计几种特殊钳口，只要更换不同形式的钳口，即可适应各种形状的工件，以扩大机用平口钳的使用范围。图 2-19 所示为几种常用的特殊钳口。

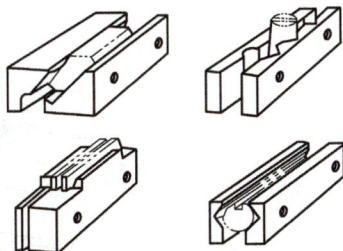

图 2-19 特殊钳口

技能训练

一、工艺分析

1）预制件为 106mm×21mm×51mm 的长方体锻造坯件。

2）该零件为长方体坯件，外形尺寸不大，宜采用带网纹钳口的机用平口钳装夹。

3）该零件所铣平面的平面度公差为 0.05mm，表面粗糙度值为 $R_a3.2\mu m$。

二、加工步骤

1）对照图样检查毛坯。

2）安装机用平口钳，如图 2-20 所示。校正固定钳口与主轴轴线的垂直度，如图 2-21 所示。

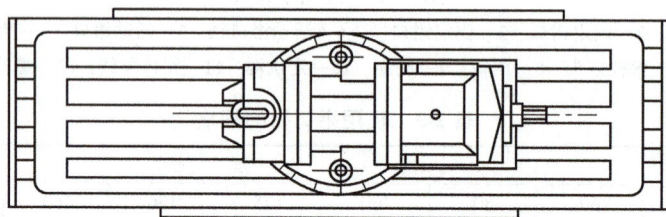

图 2-20　在工作台上安装机用平口钳

3）选择并安装铣刀。选择铣刀直径 $\phi 80$mm、宽度 63mm 的圆柱铣刀。

4）选择并调整切削用量（粗铣：进给速度 $v_f = 60 \sim 75$mm/min，主轴转速 $n = 95 \sim 118$r/min，背吃刀量 $a_p = 2$mm；精铣：进给速度 $v_f = 75$mm/min，主轴转速 $n = 150$r/min，背吃刀量 $a_p = 0.5$mm）。

5）安装并校正工件。毛坯件装夹时，应选择一个相对平整的毛坯面作为粗基准，靠向机用平口钳的固定钳口。装夹工件时，应在钳口平面和工件毛坯面间垫铜皮。工件装夹后，用划线盘校正毛坯的上平面，基本上与工作台面平行，如图 2-22 所示。

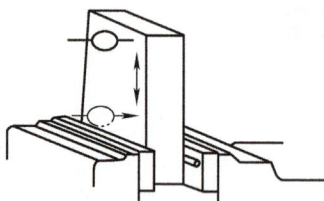

6）对刀调整背吃刀量铣削。

图 2-21　校正固定钳口与主轴轴线的垂直度

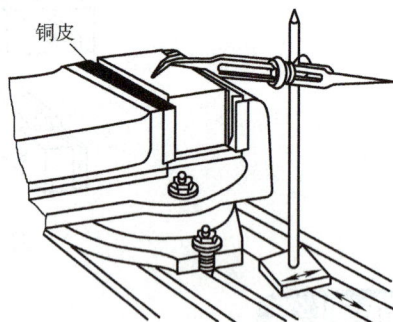

图 2-22　钳口垫铜皮装夹毛坯件

三、平面的检验

1. 平面检验量具

（1）金属直尺　金属直尺用于精度不高的测量，其测量的准确度为 0.5mm。金属直尺的规格有 $0 \sim 150$mm、$0 \sim 300$mm、$0 \sim 500$mm、$0 \sim 1000$mm 等。金属直尺可用来测量零件的

外形尺寸、台阶的宽度和深度等，如图 2-23 所示。

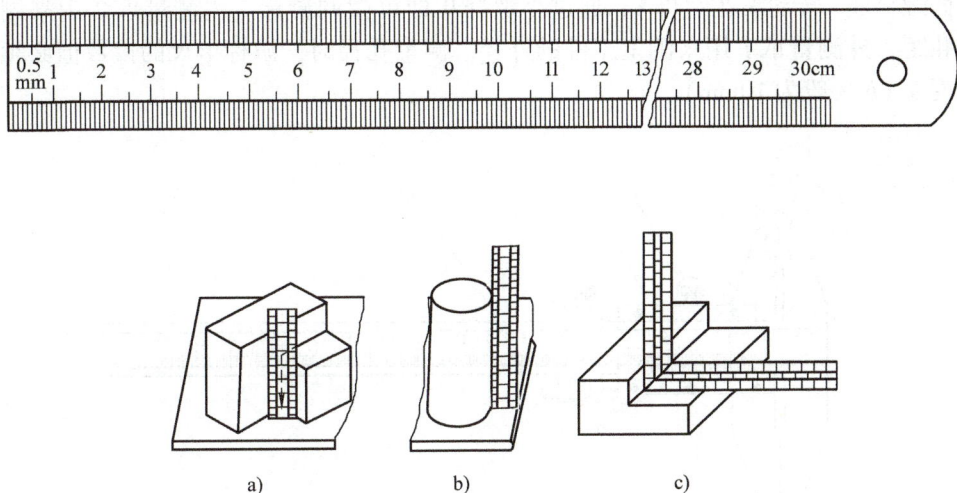

图 2-23　金属直尺的使用

a）测外形　b）测高度　c）测台阶的宽度和深度

（2）游标卡尺　游标卡尺是铣工常用的量具，它能测量零件的长度、宽度、高度、外径、内径、台阶或沟槽的深度。按式样不同，游标卡尺可分为三用游标卡尺和双面游标卡尺。

1）游标卡尺的结构。

① 三用游标卡尺如图 2-24 所示，它由尺身和游标等组成。使用时，旋松固定游标用的紧固螺钉即可测量。外测量爪用来测量工件的外径和长度，内测量爪用来测量孔径和槽宽，深度尺用来测量工件的深度和台阶长度。测量时，移动游标使量爪与工件接触，取得尺寸后，最好把紧固螺钉旋紧后再读数，以防尺寸变动。

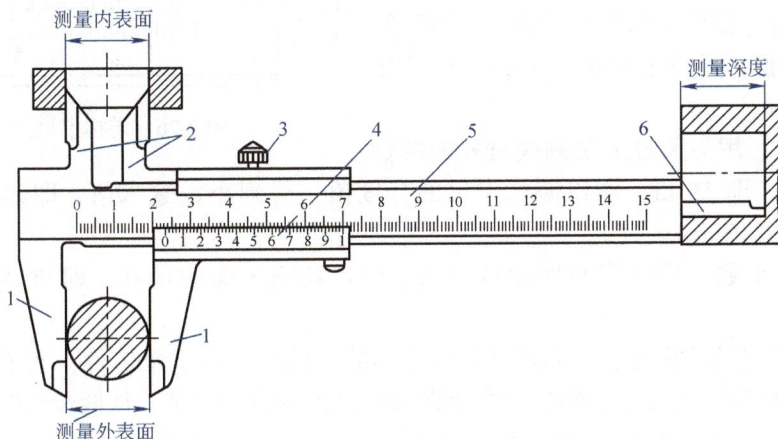

图 2-24　三用游标卡尺

1—外测量爪　2—内测量爪　3—紧固螺钉　4—游标　5—尺身　6—深度尺

② 双面游标卡尺如图 2-25 所示。它与三用游标卡尺的区别在于，为了调整尺寸方便和

测量准确，双面游标卡尺在游标上增加了微调装置 7。旋紧固定微调装置的紧固螺钉 6，再松开紧固螺钉 3，转动滚花螺母 8，通过小螺杆 9 即可微调游标。内测量爪 2 用来测量沟槽直径和孔距，外测量爪 1 用来测量工件的外径。测量孔径时，游标卡尺的读数值必须加下量爪的厚度 b（b 一般为 10mm）。

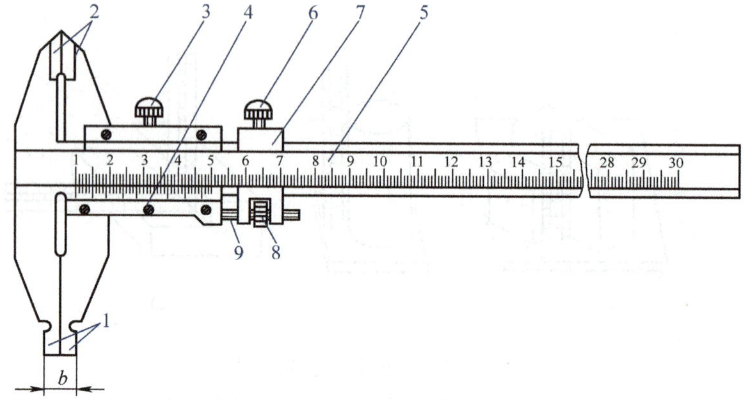

图 2-25　双面游标卡尺
1—外测量爪　2—内测量爪　3、6—紧固螺钉　4—游标　5—尺身
7—微调装置　8—滚花螺母　9—小螺杆

2）游标卡尺的读数方法。游标卡尺的测量范围有 0～125mm、0～150mm、0～200mm、0～300mm 等。其分度值有 0.02mm、0.05mm 和 0.1mm 三种。常用游标卡尺的分度值为 0.02mm。

游标卡尺是以游标的"0"线为基准进行读数的，现以图 2-26 所示为例（分度值为 0.02mm 的游标卡尺），介绍其读数步骤。

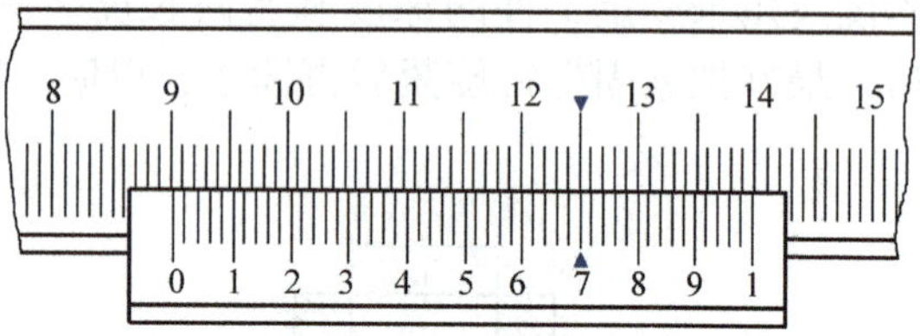

① 读整数。首先读出尺身上游标"0"线左边的整毫米值，尺身上每格为 1mm，即读出整数值为 90mm。

图 2-26　游标卡尺的读数

② 读小数。用与尺身上某刻线对齐的游标上的刻线格数，即 35 格，乘以游标卡尺的分度值，得到小数毫米值，即读出小数部分为 $35 \times 0.02\text{mm} = 0.70\text{mm}$。

③ 整数加小数。最后将两项读数相加，就是被测表面的尺寸，即 90mm + 0.70mm = 90.70mm。

3）游标卡尺的使用方法。测量外形尺寸小的工件时，左手拿工件，右手握尺，量爪张开尺寸略大于被测工件尺寸，然后用右手拇指慢慢推动游标量爪，使两量爪轻轻地与被测零件表面接触，读出尺寸数值，如图 2-27 所示。

测量外形尺寸大的工件时，把工件放在平板或工作台面上，双手操作卡尺，左手握住主尺量爪，右手握住主尺并推动游标量爪靠近被测零件表面（主尺与被测零件表面垂直），旋紧微调紧固螺钉，右手拇指转动滚花螺母，让两量爪与被测零件表面接触，读出数值，如图 2-28 所示。

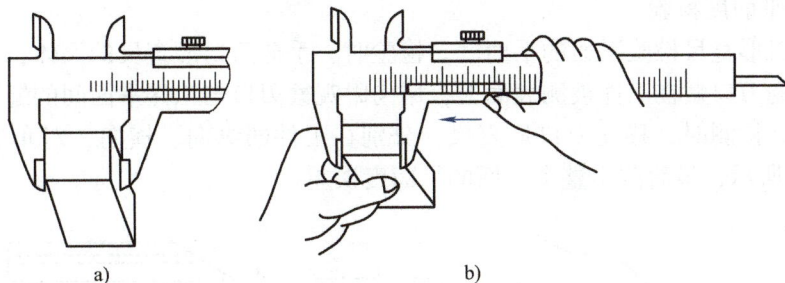

图 2-27　测外形尺寸小的工件

a）量爪张开略大于工件尺寸　b）推动量爪与工件接触

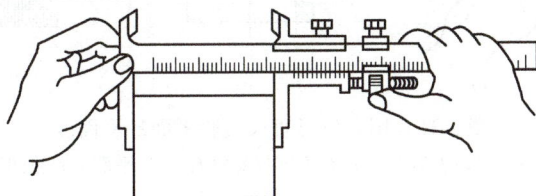

图 2-28　测量外形尺寸大的工件

用游标卡尺测量外形尺寸时，应避免尺体歪斜影响测量数值的准确度，如图 2-29 所示。使用卡尺时，不允许把尺寸固定进行测量，以免损坏量爪，如图 2-30 所示。

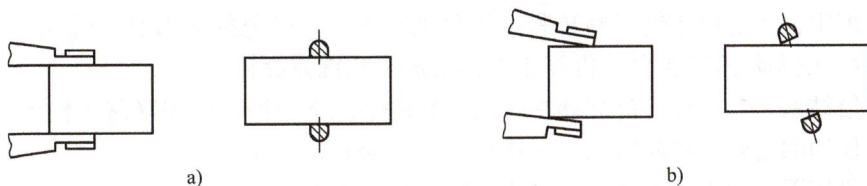

图 2-29　测量外形尺寸时量爪的位置

a）正确　b）错误

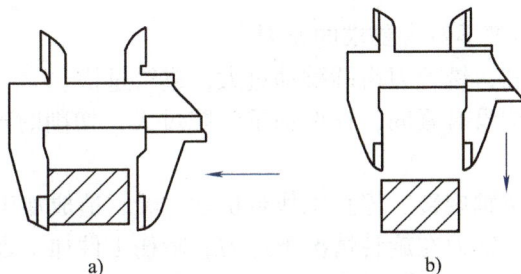

图 2-30　不能定住尺寸卡入工件

a）正确　b）错误

2. 平面的表面粗糙度检验

用标准的表面粗糙度样块对比检验，或者凭经验用肉眼观察得出结论。

3. 平面的平面度检验

一般用刀口形直尺检验平面的平面度。检验时，手握刀口形直尺的尺体，向着光线强的地方，使尺子的刃口贴在工件被测表面上，用肉眼观察刃口与工件平面间的缝隙大小，确定平面是否平整。检测时，移动刀口形直尺，分别在工件的纵向、横向、对角线方向进行检测，如图2-31所示，最后测出整个平面的平面度误差。

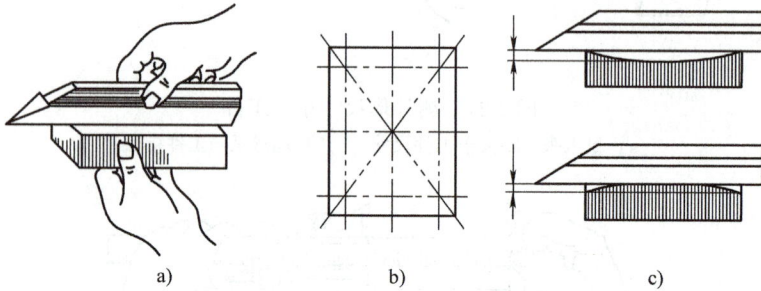

图2-31　用刀口形直尺检验平面的平面度
a) 检测时的情况　b) 在不同位置检测　c) 平面凸起或凹下

四、注意事项

1）调整背吃刀量时，若手柄摇过头，应注意消除丝杠和螺母间隙对移动尺寸的影响。
2）铣削中，不准用手摸工件和铣刀，不准测量工件，不准变换工作台进给量。
3）铣削中，不能停止铣刀旋转和工作台机动进给，以免损坏刀具，啃伤工件。若因故必须停机时，应先降落工作台，再停止工作台进给和铣刀旋转。
4）进给结束后，工件不能立即在铣刀旋转的情况下退回，应先降落工作台，再退刀。
5）不使用的进给机构应紧固，工作完毕后应松开。
6）用机用平口钳夹紧工件后，将机用平口钳扳手取下。

五、质量分析

（1）平面的表面粗糙度不符合要求的原因
1）铣刀切削刃不锋利，铣刀刀齿圆跳动过大，进给过快。
2）不使用的进给机构没有紧固，挂架轴承间隙过大，切削时产生振动，加工表面出现波纹。
3）进给时中途停止主轴旋转、停止工作台机动进给，造成加工表面出现刀痕。
4）没有降落工作台，铣刀在旋转情况下退刀，啃伤工件加工表面。
（2）平面的平面度不符合要求的原因
1）圆柱铣刀的圆柱度不好，使铣出的平面不平整。
2）立铣时，立铣头零位不准；铣平面时，工作台零位不准，铣出凹面。

任务二　铣压板六面

零件图

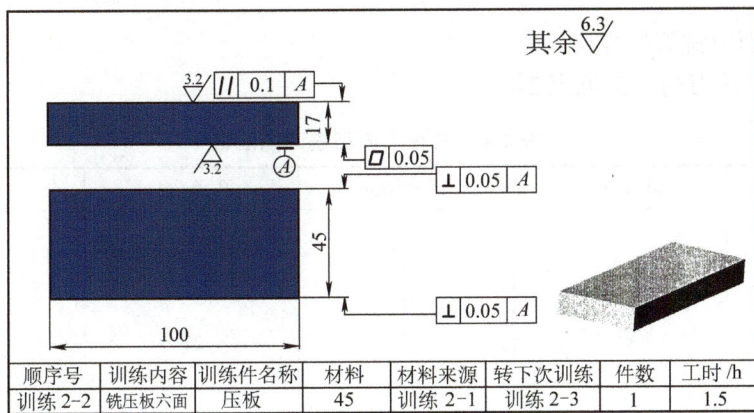

图 2-32　铣压板六面

顺序号	训练内容	训练件名称	材料	材料来源	转下次训练	件数	工时 /h
训练 2-2	铣压板六面	压板	45	训练 2-1	训练 2-3	1	1.5

学习目标

　　本任务是学习和训练六面体零件垂直面和平行面的铣削方法。通过本任务的学习，要求掌握六面体零件的加工顺序和基准面的选择方法，掌握垂直面和平行面的铣削方法及分析铣削中出现的质量问题和注意事项。

相关知识

一、六面体铣削的技术要求

六面体零件的技术要求一般包括尺寸精度、位置精度和表面粗糙度等。

二、用三面刃铣刀铣平面

1. 三面刃铣刀的类型

常用的铣槽用铣刀有镶齿三面刃铣刀、直齿三面刃铣刀和错齿三面刃铣刀等，如图 2-33 所示。

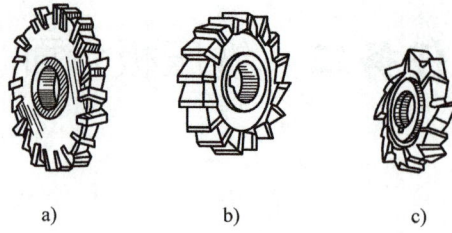

图 2-33 铣槽用铣刀

a）镶齿三面刃铣刀　b）直齿三面刃铣刀　c）错齿三面刃铣刀

2. 常用三面刃铣刀的规格

常用三面刃铣刀的规格见表2-4。

表 2-4 常用三面刃铣刀的规格

铣刀名称	外径/mm	宽度/mm	孔径/mm	齿 数
直齿三面刃铣刀	63	5 6 8 10 12 14 16	22	16
	80	6 8 10 12 14 16	27	18
	100	8 10 12 14 16 18 20	32	20
错齿三面刃铣刀	63	6 8 10	22	14
		12 14 16		12

（续）

铣刀名称	外径/mm	宽度/mm	孔径/mm	齿　数
错齿三面刃铣刀	80	8	27	16
		10		
		12		
		14		14
		16		
		18		
		20		
	100	10	32	18
		12		
		14		
		16		16
		18		
		20		
		25		
镶齿三面刃铣刀	80	12	22	10
		14		
		16		
		18		
		20		
	100	12	27	12
		14		
		16		
		18		
		20		10
		22		
		25		
	125	12	32	14
		14		
		16		
		18		
		20		12
		22		
		25		
	160	14	40	18
		16		
		20		
		25		16
		28		

（续）

铣刀名称	外径/mm	宽度/mm	孔径/mm	齿　　数
镶齿三面刃铣刀	200	14	50	22
		18		20
		22		
		28		18
		32		
	250	16	50	24
		20		
		25		22
		28		
		32		
	315	20	50	26
		25		24
		32		
		36		
		40		

三、带孔铣刀的安装

1. 铣刀刀轴

带孔铣刀借助于刀轴安装在铣床主轴上。根据铣刀孔径的大小，常用的刀轴直径有 22mm、27mm、32mm 三种，刀轴上配有垫圈和锁紧螺母，如图 2-34 所示。刀轴左端是7:24 的锥度，与铣床主轴锥孔配合，锥度的尾端有内螺纹孔，通过拉紧螺杆，将刀轴拉紧在主轴锥孔内；刀轴锥度的前端有一凸缘，凸缘上有两个缺口，与主轴端的端面键配合；刀轴的中部是光轴，安装铣刀和垫圈，轴上还带有键槽，用来安装定位键，将转矩传给铣刀；刀轴右端是螺纹和轴颈，螺纹用来安装锁紧螺母，紧住铣刀，轴颈用来与挂架轴承孔配合，支承铣刀刀轴。

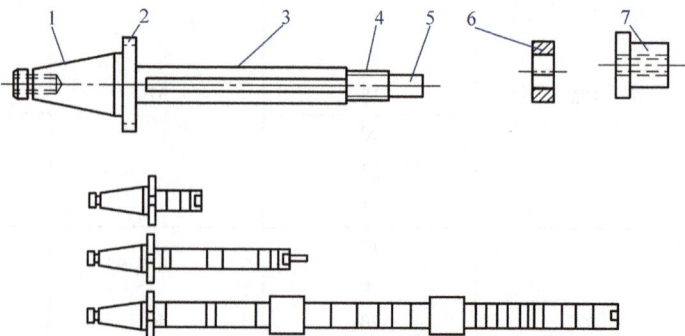

图 2-34　铣刀刀轴

1—锥柄　2—凸缘　3—刀轴　4—螺纹　5—配合轴颈　6—垫圈　7—锁紧螺母

2. 刀轴拉紧螺杆

刀轴拉紧螺杆如图 2-35 所示，用来将刀轴拉紧在铣床主轴锥孔内，左端旋入螺母 1 与杆固定在一起，用来将螺纹部分旋入铣刀或刀轴的螺孔中，背紧螺母 2 用来将铣刀或刀轴拉紧在铣床主轴锥孔内。

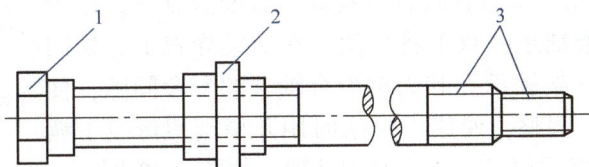

图 2-35 刀轴拉紧螺杆
1—旋入螺母 2—背紧螺母 3—螺纹

3. 圆柱铣刀的安装步骤

1）根据铣刀孔径选择刀轴。

2）调整横梁伸出长度。松开横梁紧固螺母，适当调整横梁伸出长度，使其与刀轴长度相适应，然后紧固横梁，如图 2-36 所示。

3）擦净主轴锥孔和刀轴锥柄。安装刀轴前应擦净主轴锥孔和刀轴锥柄，以免因脏物影响刀轴的安装精度，如图 2-37 所示。

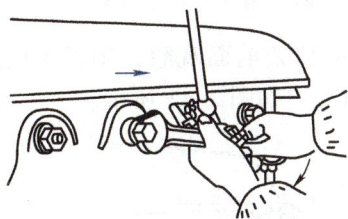

图 2-36 调整横梁伸出长度

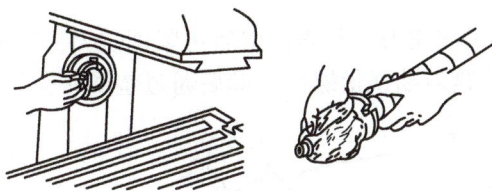

图 2-37 擦净主轴锥孔和刀轴锥柄

4）安装刀轴。将主轴转速调至最低（30r/min）或锁紧主轴。右手拿刀轴，将刀轴的锥柄装入主轴锥孔。装刀时，刀轴凸缘上的槽应对准主轴端部的凸键。从主轴后端观察，用左手顺时针转动拉紧螺杆，使拉紧螺杆的螺纹部分旋入刀轴螺孔 6～7r，然后用扳手旋紧拉紧螺杆的背紧螺母，将刀轴拉紧在主轴锥孔内，如图 2-38 所示。

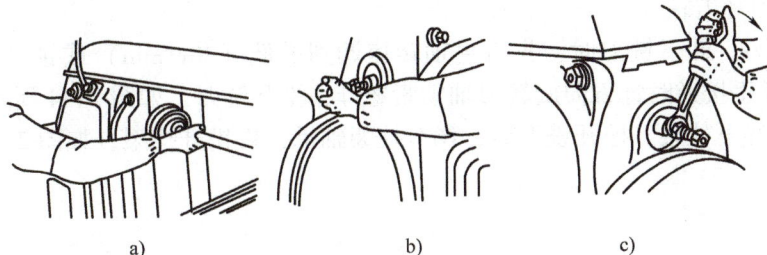

a) b) c)

图 2-38 安装刀轴
a) 装入刀轴 b) 旋入拉紧螺杆 c) 背紧刀轴

5）安装垫圈和铣刀。安装时，先擦净刀轴、垫圈和铣刀，再确定铣刀在刀轴上的位置，装上垫圈和铣刀，用手顺时针旋紧刀轴螺母，如图2-39所示。安装时，注意刀轴配合轴颈与挂架轴承孔应有足够的配合长度。

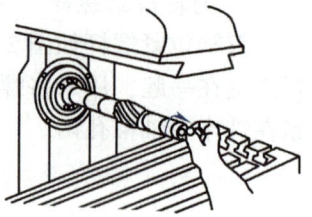

图2-39　安装垫圈和铣刀

6）安装并紧固挂架。擦净挂架轴承孔和刀轴配合轴颈，适当注入润滑油，调整挂架轴承，双手将挂架装在横梁导轨上，如图2-40所示。适当调整挂架轴承孔和刀轴配合轴颈的配合间隙，使用小挂架时用双头扳手调整，使用大挂架时用开槽圆螺母扳手调整，如图2-41所示。然后用双头扳手紧固挂架，如图2-42所示。

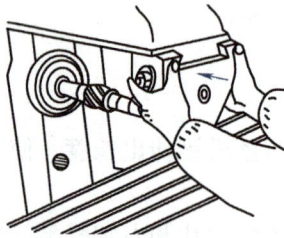

图2-40　安装挂架

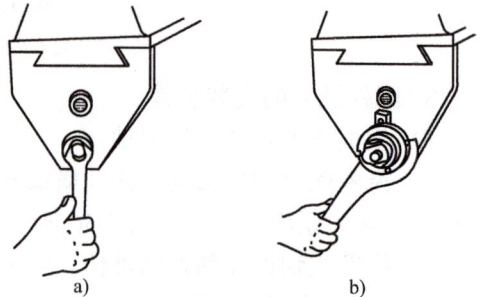

a)　　　　　　　　　　b)

图2-41　调整挂架轴承间隙
a）小挂架　b）大挂架

7）紧固铣刀。紧固挂架后再紧固铣刀。紧固铣刀时，由挂架前面观察，用扳手按顺时针方向旋紧刀轴锁紧螺母，最后通过垫圈将铣刀夹紧在刀轴上，如图2-43所示。

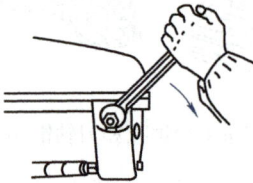

图2-42　紧固挂架

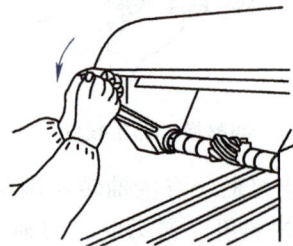

图2-43　紧固铣刀

4. 卸下铣刀和刀轴

1）松开铣刀。卸下铣刀时，先将主轴转速调到最低（30r/min）或锁紧主轴。从挂架前面观察，用扳手按逆时针方向旋转刀轴锁紧螺母，松开铣刀，如图2-44所示。

2）松开并卸下挂架。松开铣刀后，调节挂架轴承，再松开挂架，如图2-45所示，然后取下挂架。

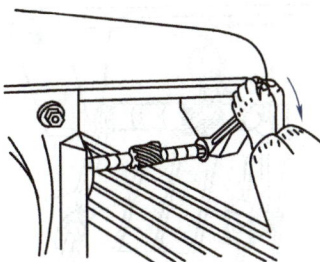

图 2-44　松开铣刀　　　　　　　　　　　图 2-45　松开挂架

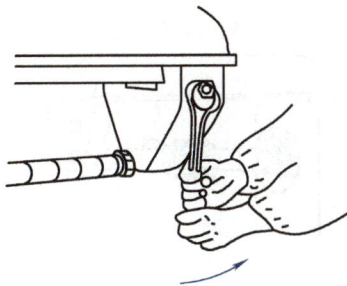

3）取下垫圈和铣刀。卸下挂架后，按逆时针方向旋下刀轴锁紧螺母，取下垫圈和铣刀。

4）卸下刀轴。从主轴后端观察，用扳手按逆时针方向旋松拉紧螺杆的背紧螺母，如图2-46 所示。然后用锤子轻击拉紧螺杆的端部，如图 2-47 所示。再用左手旋出拉紧螺杆，右手握刀轴，取下刀轴。

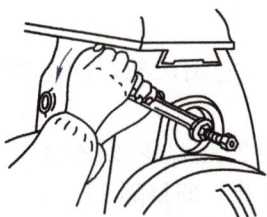

图 2-46　松开拉紧螺杆的背紧螺母　　图 2-47　用锤子轻击拉紧螺杆端部　　图 2-48　放置刀轴的支架
1—支架　2—刀轴　3—木板

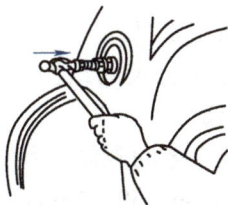

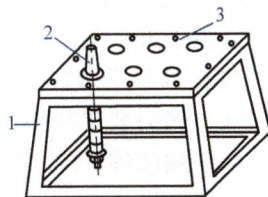

5. 铣刀刀轴的放置

刀轴卸下后，应垂直放置在专用的支架上，如图 2-48 所示，以免因放置不当而引起刀轴弯曲变形。

四、铣刀安装后的检查

铣刀安装后，需作以下内容的检查：

1）检查铣刀安装是否紧固。

2）检查挂架轴承孔与刀轴配合轴颈的配合间隙是否适当。一般以切削时不振动，挂架轴承不发热为宜。

3）检查刀齿的旋向是否正确。机床起动后，铣刀应向前刀面的方向旋转，如图 2-49 所示。

4）检查刀齿的径向圆跳动和端面圆跳动。用百分表进行检测，检测时，将磁性表座吸在工作台面上，使表的测量触头触到铣刀的刃口部位，用扳手向着铣刀后刀面的方向旋转铣刀，观察表的指针在旋转一周内的变化情况，如图 2-50 所示。一般要求不超过 0.05 ~ 0.08mm。

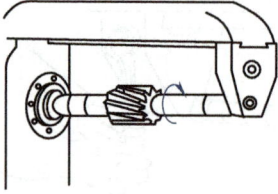

图 2-49　铣刀向前刀面的方向旋转

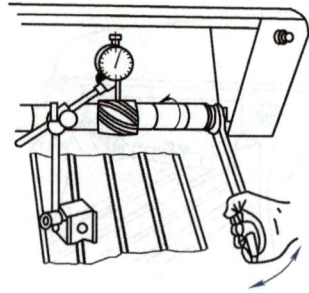

图 2-50　检查铣刀的圆跳动

进行一般的铣削加工时，大都用目测法或凭经验确定切削刃径向圆跳动或端面圆跳动是否符合要求，加工精密零件时，需采用以上方法进行检测。

五、平面检验

1. 外径千分尺

外径千分尺是生产中常用的精密量具。

（1）外径千分尺的结构　外径千分尺的结构如图 2-51 所示，它由尺架、固定测砧、测微螺杆、测力装置和锁紧装置等组成。

由于测微螺杆的长度受到制造工艺的限制，其移动量通常为 25mm，所以外径千分尺的测量范围分别为 0～25mm、25～50mm、50～75mm、75～100mm 等，即每隔 25mm 为一挡。

（2）外径千分尺的读数方法　外径千分尺的固定套管上刻有基准线，在基准线的上下侧各有一排刻线，上下两条相邻刻线的间距为 0.5mm。微分筒的外圆锥面上刻有 50 格刻度，微分筒每转动一格，测微螺杆移动 0.01mm，所以外径千分尺的分度值为 0.01mm。测量工件时，先转动外径千分尺的微分筒，待测微螺杆的测量面接近工件被测表面时，再转动测力装置，使测微螺杆的测量面接触工件表面，当听到 2～3 声"咔咔"声响后即可停止转动，读取工件尺寸。为了防止尺寸变动，可转动锁紧装置，锁紧测微螺杆。

现以图 2-52 所示的 25～50mm 千分尺为例，介绍千分尺的读数方法。其读数步骤为：

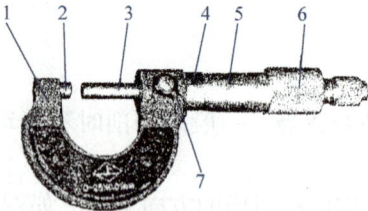

图 2-51　外径千分尺

图 2-52　外径千分尺的读数

1—尺架　2—固定测砧　3—测微螺杆　4—固定套管
5—微分筒　6—测力装置　7—锁紧装置

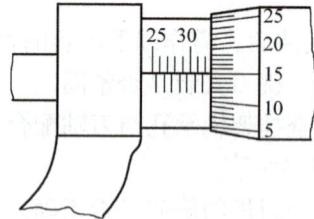

1）读出固定套管上露出刻线的整毫米数和半毫米数。注意固定套管上下两排刻线的间距为每格 0.5mm，即读出 32mm。

2）读出与固定套管基准线对准的微分筒上的格数，乘以千分尺的分度值 0.01mm，即

$15 \times 0.01\text{mm} = 0.15\text{mm}$。

3）两读数相加，即被测表面的尺寸，其读数为 $32\text{mm} + 0.15\text{mm} = 32.15\text{mm}$。

（3）外径千分尺的使用方法

1）千分尺的零位检查。使用千分尺前，应先擦净测砧和活动测量杆端面，校正千分尺零位的正确性。$0 \sim 25\text{mm}$ 的千分尺，可拧动转帽，使测砧端面和活动测量杆端面贴平。当棘轮发出响声时，停止拧动转帽，观察活动套管的零线和固定套管的基线是否对正，以判断千分尺零位是否正确。$25 \sim 50\text{mm}$、$50 \sim 75\text{mm}$ 和 $75 \sim 100\text{mm}$ 的千分尺，可通过标准样柱进行检测，如图 2-53 所示。

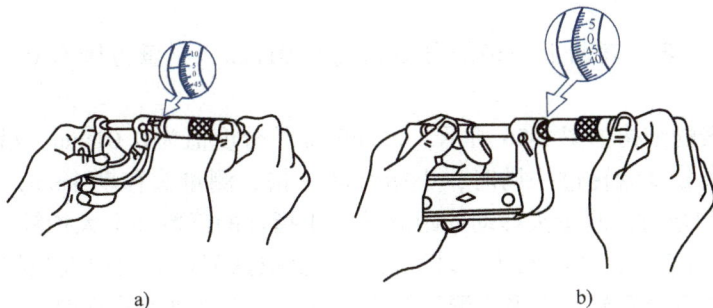

图 2-53　外径千分尺的零位检查
a）$0 \sim 25\text{mm}$ 的千分尺检测　b）更大的千分尺检测

2）使用方法。测量工件时，擦净工件的被测表面和千分尺的测量杆平面。左手握尺架，右手转动活动套管，使测量杆端面和被测工件表面接近。再用手转动转帽，使测量杆端面和工件被测表面接触，直到棘轮打滑，发出响声为止，读出数值。测量外径时，测量杆轴线应通过工件中心，如图 2-54 所示。测量尺寸较大的平面时，为了保证测量的准确度，应多测量几个部位，如图 2-55 所示。

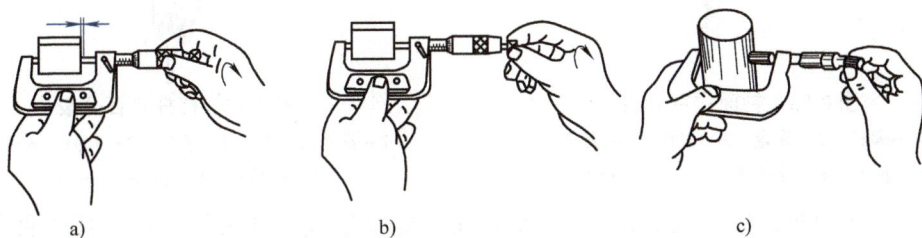

图 2-54　用外径千分尺测量工件
a）转动活动套管　b）转动转帽测出尺寸　c）测工件外径

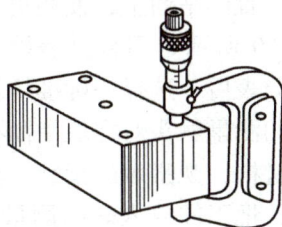

图 2-55　测尺寸大的工件多测量几个部位

（4）外径千分尺使用时的注意问题

1）测量前，应校正千分尺零位的正确性。

2）测量时，应先转动活动套管，使测量杆端面靠近被测表面，再转动转帽，直到棘轮发出响声为止。退出千分尺时，应反转活动套管，使测量杆端面离开被测量表面后将千分尺退出。

3）不准用千分尺测量粗糙表面。

2. 百分表

（1）百分表　常用的百分表有钟面式百分表（图2-56）和杠杆式百分表（图2-57）两种。

1）钟面式百分表。表面上一格的分度值为0.01mm，测量范围有0～3mm、0～5mm、0～10mm等规格。

钟面式百分表的结构如图2-56所示，大分度盘的分度值为0.01mm，沿圆周共有100个格。当大指针沿大分度盘转过一周时，小指针转一格，测量头移动1mm，因此小分度盘的分度值为1mm。测量时，测量头移动的距离等于小指针的读数加上大指针的读数。

2）杠杆式百分表。其体积较小，球面测杆可以根据测量需要改变位置，尤其是对小孔的测量或当钟面式百分表放不进去或测量杆无法垂直于工件被测表面时，杠杆式百分表就显得十分灵活方便。

杠杆式百分表表面上的分度值为0.01mm，测量范围为0～0.8mm，如图2-57所示。

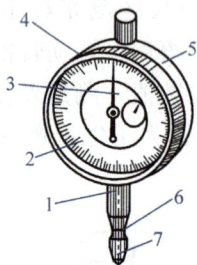

图2-56　钟面式百分表
1—表杆　2—表盘　3—表针　4—表壳
5—表体　6—活动测量杆　7—测量触头

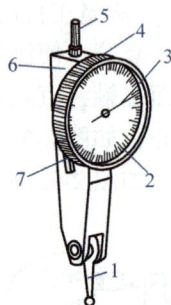

图2-57　杠杆式百分表
1—活动测量杆　2—表盘　3—指针　4—表壳
5—连接杆　6—表体　7—扳手

（2）百分表的安装　钟面式百分表安装在万能表架或磁性表架上；杠杆式百分表安装在专用表架上，如图2-58所示。一般情况下，表架安装可靠，并且都有调节装置，通过调整，可使百分表处于任何方向和任何位置，以便在不同的情况下进行测量。其中，磁性表架具有磁性吸力，可固定在任何空间位置的平面上，使用更加方便。

（3）用百分表测量工件　图2-59所示是用百分表检测工件的尺寸和平行度。检测时，将表架置于平板平面上，安装好百分表后，选择一标准样块，置于百分表的测量杆下，调整表的测量杆与样块平面垂直，使表的测量触头对样块平面有0.5～1mm的压入量，使指针对准零位，再慢慢抬起和放下活动测量杆，观察表的指针，其数值不变时，即可测量工件。测量时，先用手慢慢抬起活动测量杆，把工件放入表的测量触头下，再慢慢放下活动测量杆，用手左右、前后移动工件，使表的测量触头在工件平面上的不同部位测量，观察表的指针变

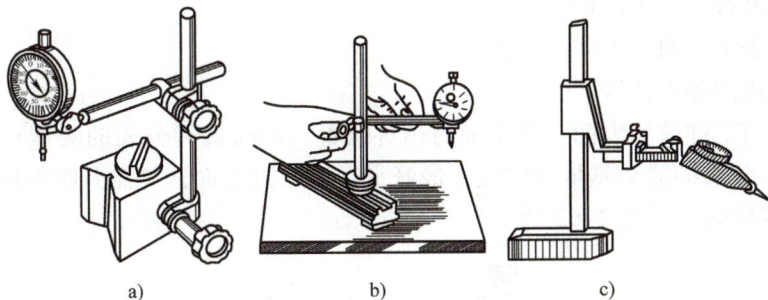

图 2-58　百分表的安装

a）用磁性表架安装　b）用万能表架安装　c）用专用表架安装

化情况，测出工件尺寸和平行度，与标准样块对比，判断是否合格。用这样的方法可以对比检测成批零件。

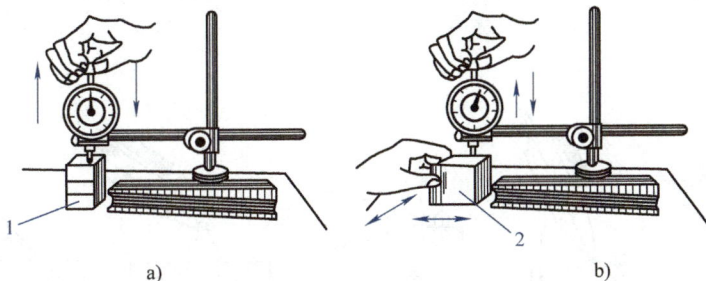

图 2-59　用百分表检测工件尺寸和平行度

a）用样块定尺寸　b）定住尺寸测工件

1—样块　2—工件

图 2-60 所示是用百分表检测工件的圆跳动，图 2-61 所示是用杠杆式百分表检测台阶面的平行度。

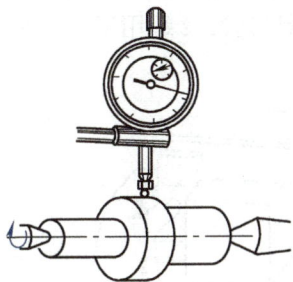

图 2-60　用百分表检测工件的圆跳动

图 2-61　用杠杆式百分表检测工件平行度

（4）使用百分表时的注意事项

1）使用百分表前，应擦净表座底面、平板或工作台面、工件被测表面。

2）使用中，应避免使表受到振动，测量触头不能突然与被测量物接触。

3）测量时测量杆的移动距离不能太大，不能超出表的测量范围。

4）测量中测量触头不能松动。

5）不能用表测量粗糙不平的表面。

6）防止水或油等液体浸入表中。

7）测量杆与工件被测表面应有正确的相对位置。钟面式百分表的测量杆应垂直于被测表面；杠杆式百分表的活动测量杆轴线，最好平行于被测表面，如需要倾斜角度时，倾斜的角度越小测量越精确，如图2-62所示。

正确　　　　　　　　　错误

a)

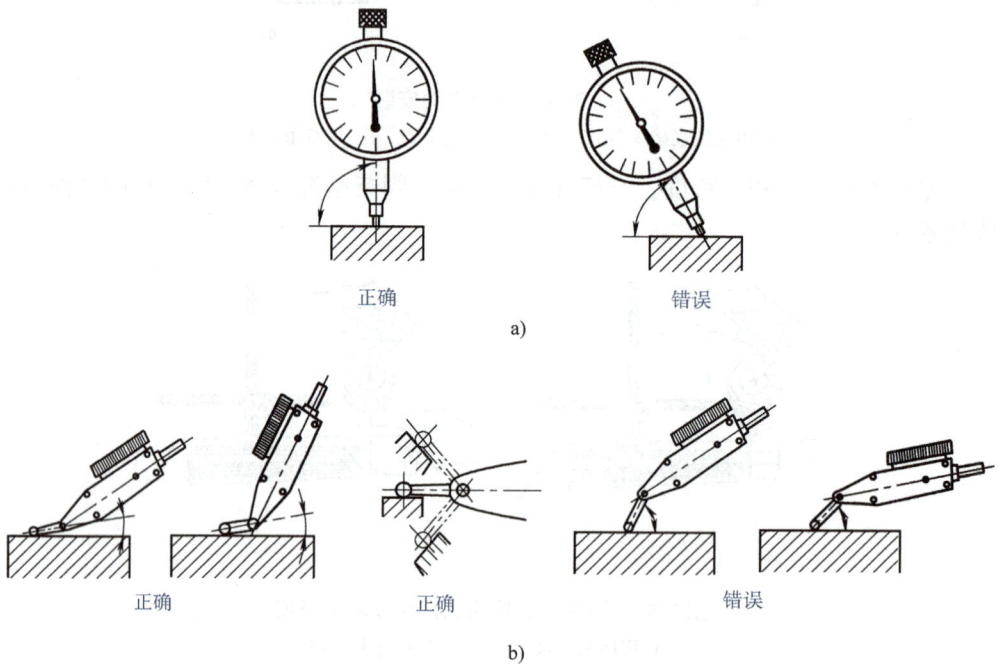

正确　　　　　　正确　　　　　　错误

b)

图2-62　百分表的测量杆与被测表面的位置

a）钟面式百分表　b）杠杆式百分表

3. 直角尺

直角尺如图2-63所示，它用来检测零件相邻表面的垂直度。按精度等级有00、0、1和2四个等级，00级用于量具检验，0级和1级用于精密零件或工具检验，2级用于一般零件检验。

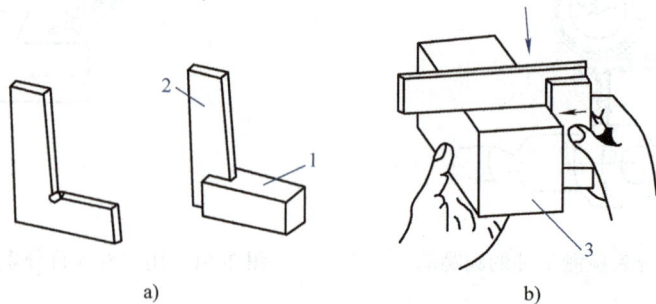

a)　　　　　　　　　　　　　　b)

图2-63　直角尺和用直角尺检测工件

a）直角尺　b）用直角尺检测工件垂直度

1—尺座　2—尺苗　3—工件

检测小型工件时，左手拿工件，右手握尺座，使尺体垂直于工件被测表面，将尺座的内侧面紧贴在工件基准面上，垂直移动直角尺，使尺苗的内侧面靠紧工件的被测表面。根据尺苗和工件被测表面间透光间隙的大小，判断工件相邻表面间的垂直度误差，如图 2-64 所示。测量过程中，直角尺不能前后、左右歪斜，以免影响测量结果的正确性，如图 2-65 所示。测量尺寸较大的工件时，把工件放在平板或工作台面上，右手握尺座，用尺座或尺苗的内侧面测量，还可以用尺座或尺苗的外侧面测量，如图 2-66 所示。

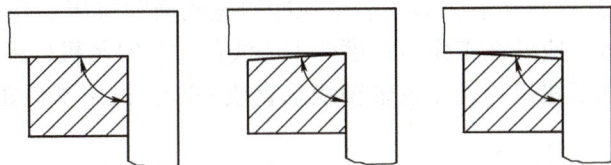

图 2-64　判断工件是否垂直

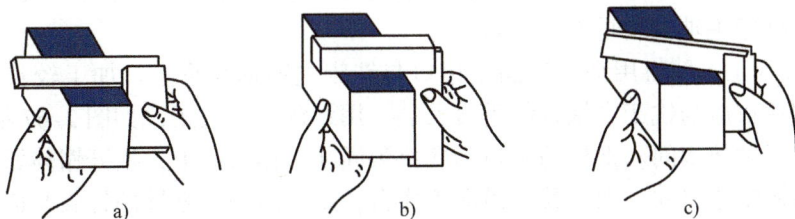

图 2-65　错误的测量方法
a）尺身前后歪斜　b）尺座、尺苗倒置　c）尺身左右歪斜

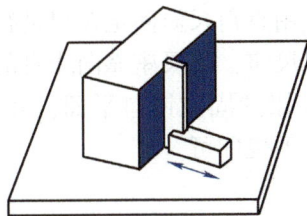

图 2-66　用尺苗外侧面检测尺寸较大工件

技能训练

一、工艺分析

1）该零件加工的材料来源于训练 2-1，其中有一个面已加工，要求加工成 $100_{-0.3}^{\ 0}$ mm × $17_{-0.2}^{\ 0}$ mm × $45_{-0.2}^{\ 0}$ mm。尺寸精度要求不高，铣削加工可以达到要求。

2）该零件的平行度公差为 0.1mm，垂直度公差为 0.05mm，故铣削加工可以达到要求。

3）该零件有两个面的表面粗糙度为 $R_a3.2\mu m$，其他面均为 $R_a6.3\mu m$，故铣削加工可以达到要求。

二、加工步骤

（1）用圆柱铣刀铣四个面　用圆柱铣刀铣 $17_{-0.2}^{\ 0}$mm 两面及 $45_{-0.2}^{\ 0}$mm 两面。

1）安装并找正机用平口钳。安装前，应擦净钳座底面和铣床工作台面。机用平口钳在工作台面上的安放位置，应处在工作台长度的中心线偏左。安装机用平口钳时，应根据加工工件的具体要求，使固定钳口与铣床主轴轴线垂直或平行，机用平口钳安装后要进行找正，找正的方法如下：

① 用机用平口钳定位键定位。安装一般工件时，可将机用平口钳底座上的定位键放入工作台中央 T 形槽内，双手推动钳体，使两块定位键的同一个侧面靠向工作台中央 T 形槽的一侧。将机用平口钳紧固在工作台面上，再通过底座上的刻线和钳体零线配合，转动钳体，使固定钳口与铣床主轴轴线垂直或平行。

② 用划针找正，使机用平口钳固定钳口与铣床主轴轴线垂直。加工较长的工件时，机用平口钳固定钳口应与铣床主轴轴线垂直安装，用划针进行找正，如图 2-67 所示。找正时，将划针夹持在刀轴垫圈间，把机用平口钳底座紧固在工作台面上，松开钳体紧固螺母，使划针的针尖靠近固定钳口铁平面。移动纵向工作台，用肉眼观察划针的针尖与固定钳口铁平面间的缝隙，若在钳口全长范围内一致，则固定钳口就与铣床主轴轴心线垂直，然后紧固钳体。

③ 用直角尺找正，使固定钳口与铣床主轴轴线平行。加工的工件长度较短时，铣刀能在一次进给中切削出整个平面，若加工部位要求与基准面垂直，则应使机用平口钳的固定钳口与铣床主轴轴线平行安装。这时用直角尺对固定钳口进行找正，如图 2-68 所示。找正时，松开钳体紧固螺母，右手握直角尺尺座，将尺座靠向床身的垂直导轨平面，移动直角尺，使直角尺尺苗的外侧面靠向机用平口钳的固定钳口平面，并与钳口平面在钳口全长范围内密合，紧固钳体，再复检一次，位置不变即可。

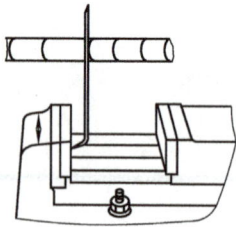

图 2-67　用划针找正　　　　　　　　　　图 2-68　用直角尺找正

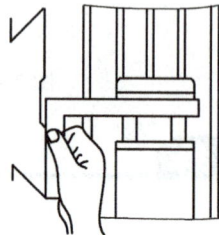

④ 用百分表找正，使固定钳口与铣床主轴轴线垂直或平行。加工工件的精度要求较高时，可用百分表对固定钳口进行找正。将磁性表座吸在横梁导轨平面上，然后安装百分表，使表的测量杆与固定钳口平面垂直，表的测量触头触到钳口平面上，测量杆压缩 0.3～0.4mm，

来回移动纵向工作台，观察百分表的读数，如果其读数在钳口全长范围内一致，固定钳口就与铣床主轴轴线垂直，如图 2-69a 所示。

用百分表找正，使固定钳口与铣床主轴轴线平行时，将磁性表座吸在床身的垂直导轨平面上，移动横向进给检查，如图 2-69b 所示。

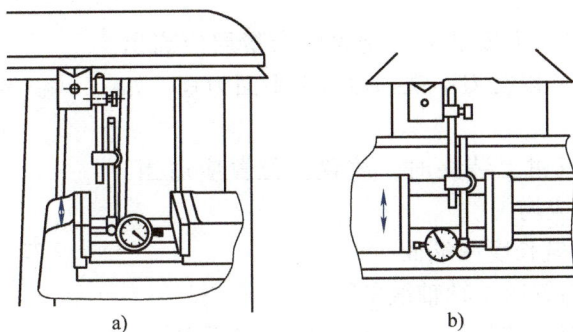

a)   b)

图 2-69　用百分表找正
a）固定钳口与主轴轴线垂直　b）固定钳口与主轴轴线平行

在装夹已经经过粗加工的工件时，应选择一个粗加工表面作为基准面，将这个基准面靠向机用平口钳的固定钳口或钳体导轨面，装夹加工其余表面。

工件的基准面靠向机用平口钳的固定钳口时，可在活动钳口和工件间放置一圆棒，通过圆棒将工件夹紧，这样能够保证工件基准面与固定钳口很好地贴合。圆棒的放置要与钳口平面平行，其高度在钳口所夹持工件部分的高度中间，或者稍偏上一点，如图 2-70 所示。

工件的基准面靠向钳体导轨面时，在工件基准面和钳体导轨平面间垫一平行垫铁。夹紧工件后，用铜锤轻击工件上面，同时用手移动平行垫铁，垫铁不松动时，工件基准面与钳身导轨平面贴合好，如图 2-71 所示。敲击工件时，用力大小要适当，与夹紧力的大小相适应。敲击的位置应从已经贴合好的部位开始，逐渐移向没有贴合好的部位。敲击时不可连续用力猛敲，应克服垫铁和钳身反作用力的影响。

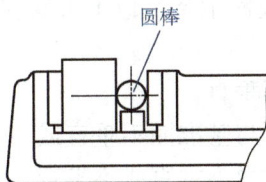

图 2-70　用圆棒夹持工件

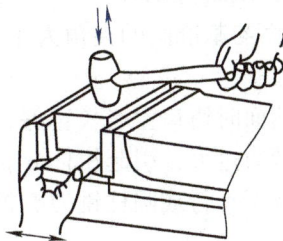

图 2-71　用平行垫铁装夹工件

2）选择并安装铣刀（选择 $\phi80\text{mm} \times 80\text{mm}$ 圆柱铣刀）。

3）调整切削用量（取 $n = 118\text{r/min}$，$v_f = 60\text{mm/min}$，$a_p = 1.5 \sim 2\text{mm}$）。

4）装夹工件铣削 $17_{-0.2}^{\ 0}\text{mm}$ 两面及 $45_{-0.2}^{\ 0}\text{mm}$ 两面。

5）装夹时的注意事项。

① 安装机用平口钳前，应擦净工作台面和钳底平面。安装工件前，应擦净钳口平面、钳体导轨面、工件表面。

② 工件在机用平口钳上安装后，铣去的余量层应高出钳口上平面，高出的尺寸以铣刀不铣到钳口上平面为宜，如图 2-72 所示。

③ 工件在机用平口钳上装夹时，放置的位置应适当，夹紧工件后，钳口受力应均匀。

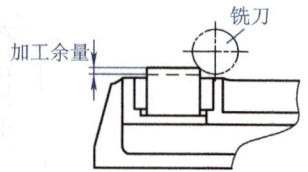

（2）用三面刃铣刀铣长度两端面

图 2-72　余量层高出钳口上平面

1）校正固定钳口与铣床主轴轴线平行。

2）选择并安装铣刀（选择 $\phi100\text{mm} \times 14\text{mm}$ 三面刃铣刀）。

3）调整切削用量（取 $n = 95\text{r/min}$，$v_f = 60\text{mm/min}$，$a_p = 2 \sim 2.5\text{mm}$）。

4）装夹工件分别铣削两平面。

（3）平面检验　铣削完毕后，应对已铣平面进行检验，确保加工符合要求。

三、质量分析

（1）铣出的尺寸不符合图样要求的原因

1）调整背吃刀量时，将刻度盘摇错，或手柄摇过头，或没有消除丝杠和螺母的间隙而直接退回，使尺寸铣错。

2）看错图样上标注的尺寸，或测量时有错误。

3）工件或垫铁平面没有擦净，垫上脏物，使尺寸铣小。

4）对刀时切痕太深，吃刀调整背吃刀量时没有去掉切痕深度，使尺寸铣错。

（2）垂直度和平行度不符合要求的原因

1）固定钳口与工作台面不垂直，铣出的平面与基准面不垂直。这时应在固定钳口和工件基准面间垫纸或薄铜片。当加工面与基准面间的夹角小于 90°时，应在上面垫纸或薄铜片；当加工面与基准间的夹角大于 90°时，应在下面垫纸或薄铜片。以上方法只适用于单件零件的加工。

2）铣端面时钳口没有校正好，铣出的端面与基准面不垂直。

3）夹紧力过大，引起钳体导轨平面变形，铣出的平面与基准面不垂直或不平行。

4）垫铁不平行或圆柱铣刀有锥度，铣出的平面与基准面不垂直或不平行。

任务三　铣压板斜面

零件图

其余 $\sqrt{6.3}$

顺序号	训练内容	训练件名称	材料	材料来源	转下次训练	件数	工时 /h
训练 2-3	铣压板斜面	压板	45	训练 2-2	训练 2-4	1	1.5

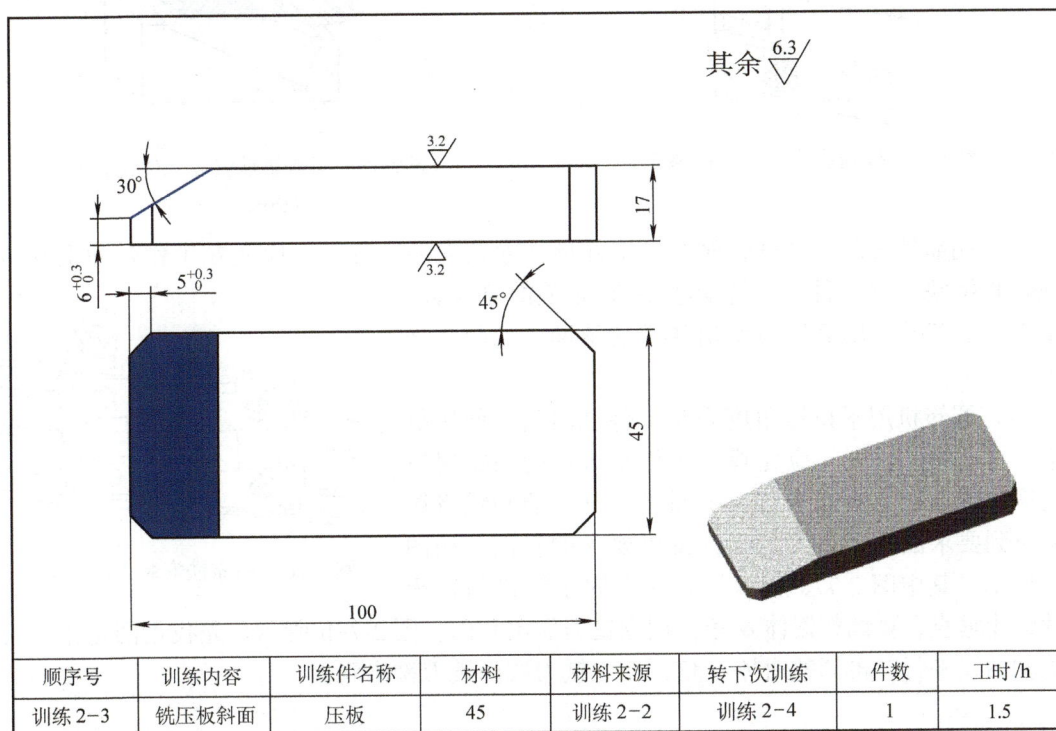

图 2-73　铣压板斜面

学习目标

本任务是学习和训练斜面的铣削方法。通过本任务的学习，要求掌握斜面的铣削方法、测量方法及分析铣削中出现的质量问题和注意事项。

相关知识

1. 把工件安装成要求的角度铣斜面

在一般的卧式铣床上或在立铣头不能转动角度的立式铣床上加工斜面时，可将工件安装成要求的角度铣出斜面，常用的方法有以下几种：

（1）根据划线装夹工件铣斜面　单件生产时，先在工件上划出斜面的加工线，然后用机用平口钳装夹工件，用划线盘找正工件上所划的加工线与工作台台面平行，再用圆柱铣刀或面铣刀铣出斜面，如图2-74所示。

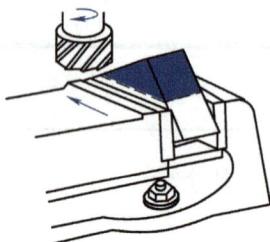

（2）用倾斜的垫铁装夹工件铣斜面　工件的生产数量较多时，可通过倾斜的垫铁将工件安装在机用平口钳内，铣出要求的斜面，如图2-75所示。所选择的斜垫铁的宽度应小于工件夹紧部位的宽度。

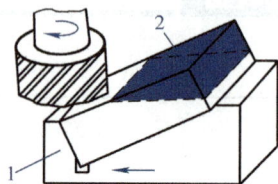

图2-74　按划线装夹工件铣斜面

图2-75　用斜垫铁安装工件铣斜面
1—斜垫铁　2—工件

（3）用靠铁安装工件铣斜面　加工外形尺寸较大的工件时，应先在工作台面上安装一块倾斜的靠铁，将工件的一个侧面靠向靠铁的基准面，用压板夹紧工件，用面铣刀铣出要求的斜面，如图2-76所示。

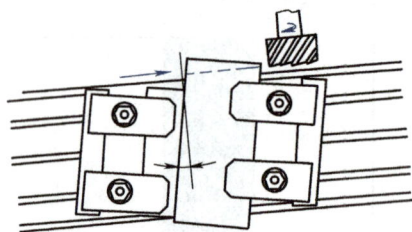

（4）调转机用平口钳角度安装工件铣斜面　使用机用平口钳装夹工件时，应先找正机用平口钳的固定钳口与铣床主轴轴线垂直或平行后，通过钳座上的刻线将钳身调整到要求的角度，安装工件铣出要求的斜面，如图2-77所示，其中图2-77a所示是先找正固定钳口与铣床主轴轴线垂直，再调整钳体α角，用立铣刀铣出斜面；图2-77b所示是先找正固定钳口与铣床主轴轴线平行，再调整钳体α角，用立铣刀或面铣刀铣出斜面。

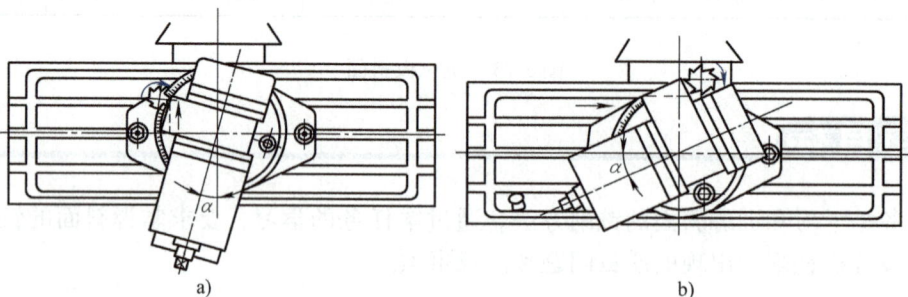

图2-76　用靠铁安装工件铣斜面

a)　　　　　　　　　　　　b)

图2-77　调整钳身角度铣斜面

2. 把铣刀调成要求的角度铣斜面

在立铣头可转动的立式铣床上安装立铣刀或面铣刀，倾斜立铣头主轴一定的角度，用机用平口钳或压板装夹工件，可以加工出要求的斜面。其中用机用平口钳装夹工件时，根据工

件的安装情况和所用的刀具，加工时的方法有以下几种：

（1）工件的基准面与工作台台面平行　用立铣刀的圆周刃铣削工件时，立铣头应扳转的角度 $\alpha = 90° - \theta$，如图 2-78 所示。用面铣刀或用立铣刀的端面刃铣削时，立铣头应扳转的角度 $\alpha = \theta$，如图 2-79 所示。

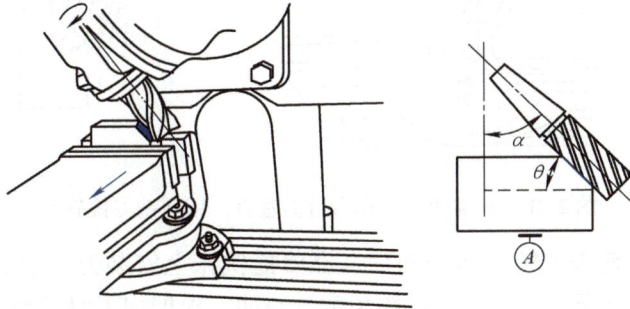

图 2-78　工件基准面与工作台台面平行，用立铣刀圆周刃铣斜面

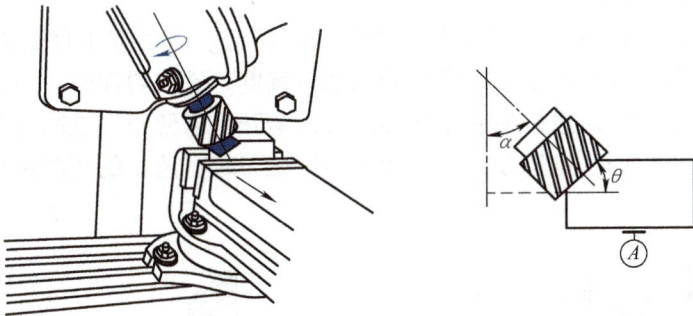

图 2-79　基准面与工作台台面平行，用面铣刀铣斜面

（2）工件的基准面与工作台台面垂直　用立铣刀圆周刃铣削时，立铣头应扳转的角度 $\alpha = \theta$，如图 2-80 所示。用面铣刀铣削或用立铣刀的端面刃铣削时，立铣头扳转的角度 $\alpha = 90° - \theta$，如图 2-81 所示。

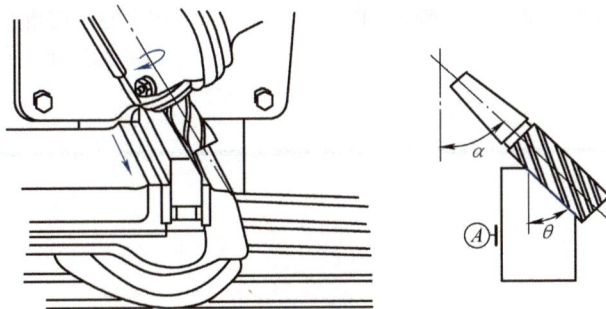

图 2-80　基准面与工作台台面垂直，用立铣刀圆周刃铣斜面

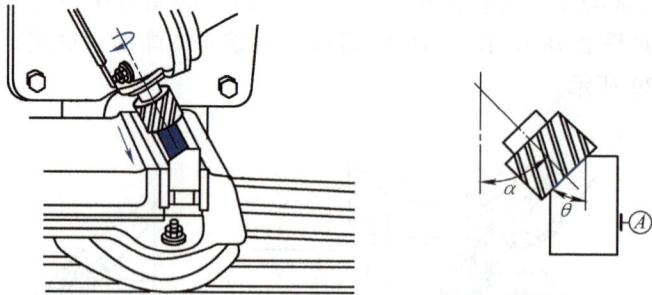

图 2-81　基准面与工作台台面垂直，用面铣刀铣斜面

（3）调整万能立铣头主轴座体铣斜面。在万能铣床上安装万能立铣头铣斜面时，一般情况下逆时针转动铣头壳体，调整立铣头角度铣斜面。根据加工时的情况，也可以转动立铣头主轴座体来调整立铣头主轴的角度，完成斜面的铣削加工，如图 2-82 所示。其调整角度的大小和方向，可根据工件的安装情况与前面相同。

3. 用角度铣刀铣斜面

宽度较窄的斜面可用角度铣刀铣削，如图 2-83 所示。应根据工件斜面的角度选择铣刀的角度。所铣斜面的宽度应小于角度铣刀的切削刃宽度。铣双斜面时，应选择两把直径和角度相同的铣刀，安装铣刀时最好使两把铣刀的刃齿错开，以便减轻铣削时的力和振动。由于角度铣刀的刃齿强度较弱，排屑较困难。使用角度铣刀时，选择的切削用量应比使用圆柱铣刀低 20% 左右。

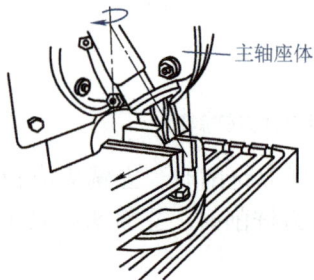

图 2-82　调整主轴座体倾斜立铣头主轴铣斜面

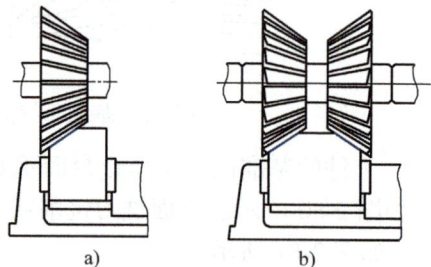

图 2-83　用角度铣刀铣斜面
a）铣单斜面　b）铣双斜面

技能训练

一、工艺分析

1）该零件加工的材料来源于训练 2-2，需要铣削一个 30°斜面及四个 45°斜面。

2）该零件的斜面要达到图样的尺寸精度要求及角度要求。

3）该零件的加工斜面的表面粗糙度为 $R_a6.3\mu m$，故铣削加工可以达到要求。

二、加工步骤

（1）铣 30°斜面

1）找正固定钳口与铣床主轴轴线平行。

2）选择并安装铣刀（选择 $\phi40mm$ 的镶齿面铣刀）。

3）安装并找正工件。

4）调整铣刀用量（取 $n=150r/min$，$v_f=60mm/min$，$a_p=2\sim2.5mm$）。

5）调整立铣头转角（用面铣刀，基准面与工作台台面平行安装，立铣头调转角度 $\alpha=30°$）。

6）调整铣刀与工件的相对位置，锁住纵向进给。

7）利用横向进给分数次走刀铣出斜面。

（2）铣 45°斜面

1）换 $\phi20\sim\phi25mm$ 的立铣刀。

2）调整立铣头主轴轴线与工作台面成 45°角。

3）将压板的底面靠向固定钳口装夹工件。

4）分数次铣出各个斜面。

（3）斜面的检验 加工斜面时，除检验斜面的尺寸和表面粗糙度外，还要检验斜面的角度。精度要求较高、角度较小的斜面，用正弦规检验。一般要求的斜面，用游标万能角度尺检验。游标万能角度尺的构造如图 2-84 所示。

使用游标万能角度尺检测工件斜面时，通过调整和安装角尺、直尺、扇形板，可以测量大小不同的角度。检测工件时，应将游标万能角度尺基尺的底边贴紧工件的基准面，然后调整角度尺，使直尺、角尺或扇形板的测量面贴紧工件的斜面，紧住紧块，读出数值，分别如图 2-85、图 2-86 和图 2-87 所示。

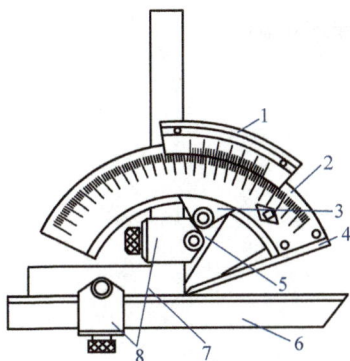

图 2-84 游标万能角度尺
1—游标 2—尺体 3—紧块 4—基尺
5—扇形板 6—直尺 7—角尺 8—卡块

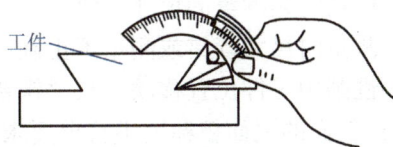

图 2-85 用扇形板配合基尺测量工件

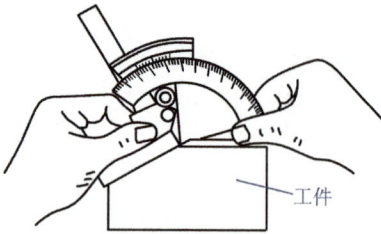

图 2-86　用角尺配合基尺测量工件

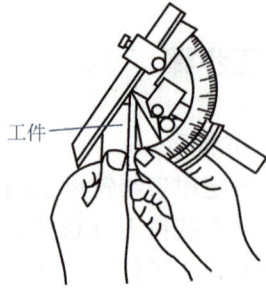

图 2-87　用角尺、直尺配合基尺测量工件

三、注意事项

1）铣削时注意铣刀的旋转方向是否正确。

2）铣削时切削力应靠向机用平口钳的固定钳口。

3）用面铣刀或立铣刀端面刃铣削时，注意顺逆铣，注意进给方向，以免因顺铣或进给方向错误而损坏铣刀。

4）不使用的进给机构应锁紧，工作完毕后应松开。

5）装夹工件时注意不要夹伤已加工表面。

四、质量分析

（1）斜面的角度不对

1）立铣头或机用平口钳调整的角度不正确。

2）工件安装时基准面不正确。

3）钳口与工件平面间垫有脏物，使铣出的斜面角度不正确。

（2）斜面的尺寸不对

1）进给时刻度盘的尺寸摇错。

2）测量时尺寸读错或测量不正确。

3）铣削中工件位置移动，尺寸铣错。

（3）斜面的表面粗糙度不符合要求

1）铣刀较钝或进给量过大。

2）机床、夹具刚性差，铣削中产生振动。

3）铣钢件时没有使用切削液。

任务四　铣压板封闭沟槽

零件图

顺序号	训练内容	训练件名称	材料	材料来源	转下次训练	件数	工时/h
训练2-4	铣压板封闭沟槽	压板	45	训练2-3		1	1

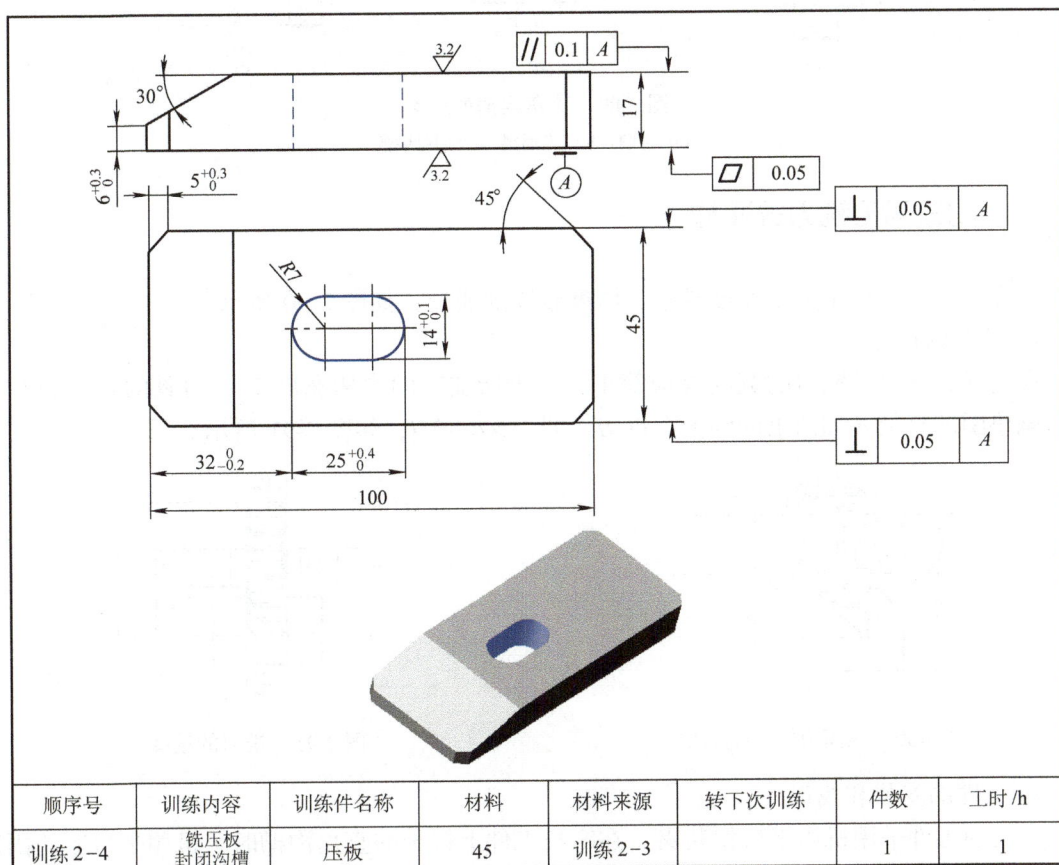

图 2-88　铣压板封闭沟槽

学习目标

　　本任务是学习和训练直角沟槽的铣削方法和测量方法。通过本任务的学习，要求掌握直角沟槽的铣削方法、测量方法，正确选择铣直角沟槽用的铣刀，键槽铣刀的刃磨方法及分析铣削中出现的质量问题和注意事项。

相关知识

直角沟槽有通槽、半通槽、封闭槽等，如图 2-89 所示。通槽用三面刃铣刀或盘形槽铣刀加工，半通槽或封闭槽用立铣刀或键槽铣刀加工。

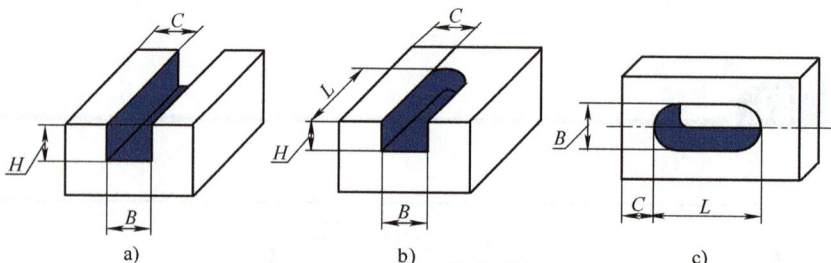

图 2-89　直角沟槽的种类

a）通槽　b）半通槽　c）封闭槽

一、用三面刃铣刀铣通槽

三面刃铣刀适用于加工宽度较窄、深度较深的通槽，如图 2-90 所示。

1. 铣刀的选择

所选择的三面刃铣刀的宽度 B 应等于或小于所加工的沟槽宽度 B'；刀具的直径 D 应大于刀轴垫圈的直径 d 加两倍的沟槽深度 H，即 $D > d + 2H$，如图 2-91 所示。

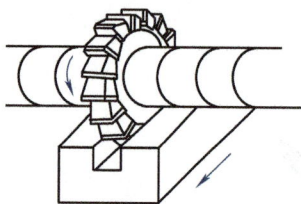

图 2-90　三面刃铣刀铣通槽

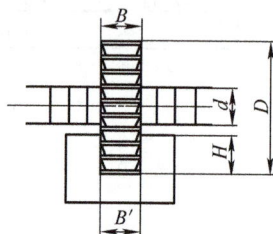

图 2-91　铣刀的选择

2. 工件的安装和找正

一般的工件采用机用平口钳装夹。在窄长工件上铣长的直角沟槽时，机用平口钳的固定钳口应与铣床主轴轴线垂直安装，如图 2-92a 所示；在窄长工件上铣短的直角沟槽时，机用平口钳的固定钳口应与铣床主轴轴线平行安装，如图 2-92b 所示，保证铣出的沟槽两侧与工件基准面垂直或平行。

3. 对刀方法

（1）划线对刀　在工件上划出沟槽的尺寸位置线，安装校正工件后，调整机床，使铣刀两侧刃对准工件所划的沟槽宽度线，将不使用的进给机构锁紧，铣出钩槽。

（2）侧面对刀　安装校正工件后，适当调整机床，使铣刀侧面轻轻地与工件侧面接触。降落工作台，起动横向进给，使铣刀向沟槽方向移动一个位移，该位移等于一个铣刀宽度和工件侧面到沟槽侧面的距离之和 A，如图 2-93 所示，将横向进给紧固，调整侧吃刀量铣出沟槽。

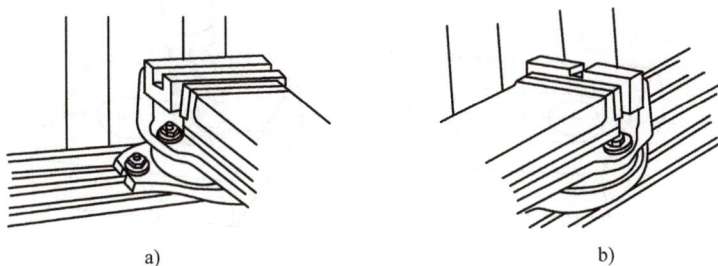

图 2-92　铣沟槽时平口钳的安装

a）在窄长工件上铣长直角沟槽　b）在窄长工件上铣短直角沟槽

用三面刃铣刀铣削精度要求较高的直角沟槽时，应选择小于直角沟槽宽度的铣刀，先铣好槽深，再扩铣铣出槽宽，如图 2-94 所示。

图 2-93　侧面对刀

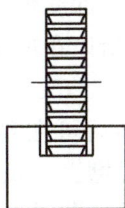

图 2-94　铣好槽深再扩铣槽宽两侧

二、用立铣刀铣半通槽和封闭槽

用立铣刀铣半通槽时，所选择的立铣刀直径应等于或小于沟槽的宽度。由于立铣刀刚性较差，铣削时易产生偏让现象，或因受力过大而引起铣刀折断，所以，当加工的沟槽深度较深时，应分数次铣到要求的深度，但不能来回吃刀切削工件，只能由沟槽的外端铣向沟槽的里端，如图 2-95 所示。槽深铣好后，再扩铣沟槽两侧。扩铣时，应避免顺铣，以免损坏刀具，啃伤工件。

用立铣刀铣穿通的封闭沟槽时，因为立铣刀的端面切削刃不能全部通过刀具中心，故不能垂直进给铣削工件，所以铣削前应在工件上划出沟槽的尺寸位置线，并在所划沟槽长度线的一端预钻一个小于槽宽的落刀圆孔，以便由此孔落刀切削工件，如图 2-96 所示。铣削时应分数次进给铣透工件，每次进给都应由落刀孔的同一端铣向沟槽的另一端。沟槽铣透后，再铣够长度和两侧面。铣削中不使用的进给机构应紧固，扩铣两侧应注意避免顺铣。

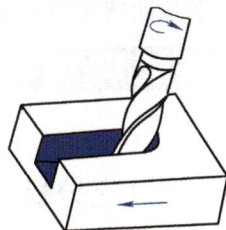

图 2-95　立铣刀铣半通槽

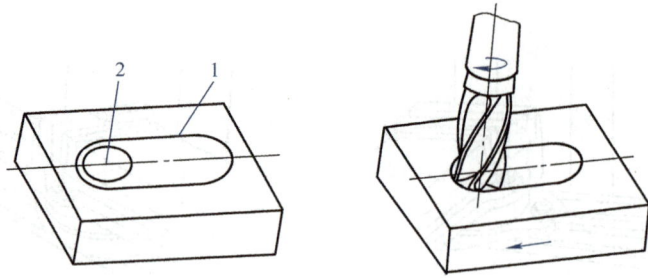

图 2-96　用立铣刀铣穿通的封闭沟槽
1—沟槽加工线　2—预钻的落刀孔

三、用键槽铣刀铣半通槽和封闭槽

加工精度较高、深度较浅的半通槽和封闭槽时用键槽铣刀。键槽铣刀的端面切削刃能垂直进给切削工件，所以在加工封闭沟槽时，可不必预钻落刀圆孔，而直接由沟槽的同一端分数次进给铣出沟槽。

键槽铣刀用钝后可在普通砂轮机上或在刀具磨床上刃磨，一般情况下只刃磨端面刃。刃磨时，右手在前握刀具切削部分，左手在后握刀具柄部，使刀体自然向下倾斜一个 $\alpha = 8° \sim 10°$ 的后角，同时使刀体向右倾斜一个 $\varphi_0 \approx 2°$ 的向心角，使端面切削刃与砂轮的圆周面处于平行状态，双手轻轻用力使端面刃的后刀面与砂轮圆周面或端面接触，同时刃磨出后角和向心角，如图 2-97 所示。刃磨后的端面两切削刃应处在同一回转平面内，以保证两切削刃能均匀地切削工件。

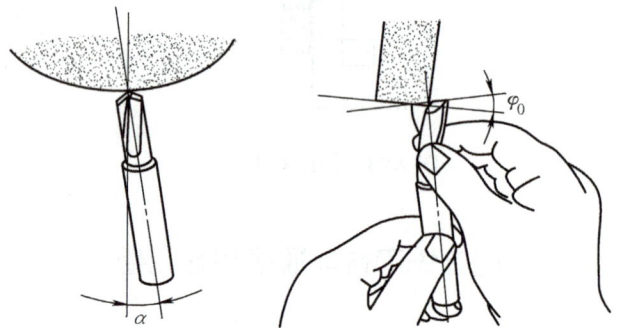

图 2-97　刃磨键槽铣刀

技能训练

一、工艺分析

1）该零件加工的腰圆孔的宽度为 14mm，尺寸精度为 0.1mm；腰圆孔距为 11mm，尺寸精度为 0.4mm。

2）腰圆孔的表面粗糙度为 $R_a 6.3\mu m$。

二、加工步骤

1) 找正机用平口钳的固定钳口与铣床主轴轴线垂直。

2) 在工件上划出沟槽的尺寸位置线、钻孔位置线。

3) 安装并找正工件。

4) 安装钻头，钻落刀圆孔（选择 $\phi13mm$ 的钻头）。

5) 选择并安装铣刀（选择 $\phi14mm$ 的立铣刀）。

6) 对刀后锁紧横向进给机构。

7) 分数次铣出沟槽。

8) 测量后卸下工件。

9) 检验。

直角沟槽的长度、宽度和深度可分别用游标卡尺、千分尺和深度尺检验，沟槽的对称度可用游标卡尺、千分尺或杠杆式百分表检验。用杠杆式百分表检验沟槽对称度时，将工件分别以 A、B 面为基准放在平板的平面上，使表的触头触在沟槽的侧面上，来回移动工件，观察表的指针变化情况。若两次测得的数值一致，则沟槽两侧对称于工件中心，如图 2-98 所示。

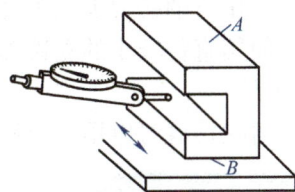

图 2-98 用杠杆式百分表检验沟槽对称度

三、质量分析

（1）铣出的沟槽尺寸不符合图样要求的原因

1) 铣刀的尺寸选择不正确。

2) 铣刀切削刃的径向圆跳动和端面圆跳动过大，使沟槽尺寸铣大。

3) 用立铣刀铣沟槽时，产生让刀现象。来回数次进给切削工件，将槽宽尺寸铣大。

4) 测量尺寸时有错误，或将刻度盘数值摇错，使槽尺寸铣错。

（2）沟槽的形状、位置精度不符合图样

1) 沟槽两侧与工件中心不对称，如图 2-99 所示。主要原因有对刀时对偏；扩铣两侧时将槽铣偏；测量尺寸时不正确，按错误测量数值铣削等。

2) 沟槽侧面与工件侧面不平行,沟槽底面与工件底面不平行,如图2-100所示。主要

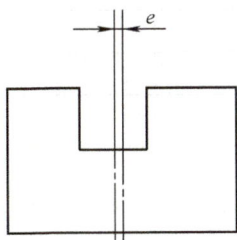

图 2-99 沟槽两侧与工件中心不对称

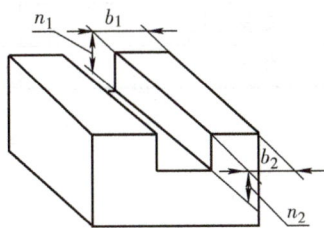

图 2-100 沟槽侧面与工件侧面，槽底面与工件底面不平行

原因有机用平口钳的固定钳口没有找正，选择的垫铁不平行，装夹工件时工件没有找正等。

3）沟槽的两侧出现凹面，如图 2-101 所示。原因是工作台零位不准，用三面刃铣刀铣削时，沟槽两侧出现凹面，两侧不平行。

（3）沟槽的表面粗糙度不符合图样要求的原因

1）主轴转速过低，或进给量过大。

2）侧吃刀量过大，铣刀切削时不平稳。

3）切削钢件时没有加注切削液。

4）刀具变钝，切削刃磨损。

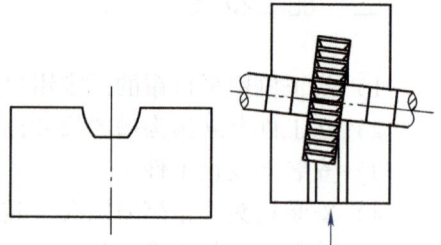

图 2-101 沟槽两侧出现凹面

四、注意事项

1）使用直柄铣刀加工工件时，铣刀应装夹牢固，以免铣削中松动。

2）使用直径较小的立铣刀加工工件时，工作台进给不能过大，以免产生严重的让刀现象造成废品。

3）清除切屑时应用小毛刷。

检测与评价

表 2-5 压板检测与评价表

序号	检测内容	配分	量具	检测结果	学生评分	教师评分
1	基准平面 A 的平面度 0.05mm	10				
2	$100_{-0.3}^{0}$ mm $\times 17_{-0.2}^{0}$ mm $\times 45_{-0.2}^{0}$ mm	5×3				
3	平行度公差 0.1mm（两处）	5×2				
4	垂直度公差 0.05mm（两处）	5×2				
5	$R_a3.2\mu$m（两处）	5×2				
6	$R_a6.3\mu$m（四处）	2×3				
7	斜面 30°，尺寸 $e = 6_{0}^{+0.3}$ mm	10				
8	斜面 $5_{0}^{+0.3}$ mm $\times 45°$（四处）	4×4				
9	$32_{-0.2}^{0}$ mm	4				
10	$25_{0}^{+0.4}$ mm	5				
11	$14_{0}^{+0.1}$ mm	4				
12	安全文明生产	违纪一项扣 20 分				
	合计	100				

项目三 高速铣削平形铁

金属加工与实训——铣工实训

本项目主要学习高速铣削平面的方法。通过本项目的学习和训练，能够完成图 3-1 所示零件的铣削加工。

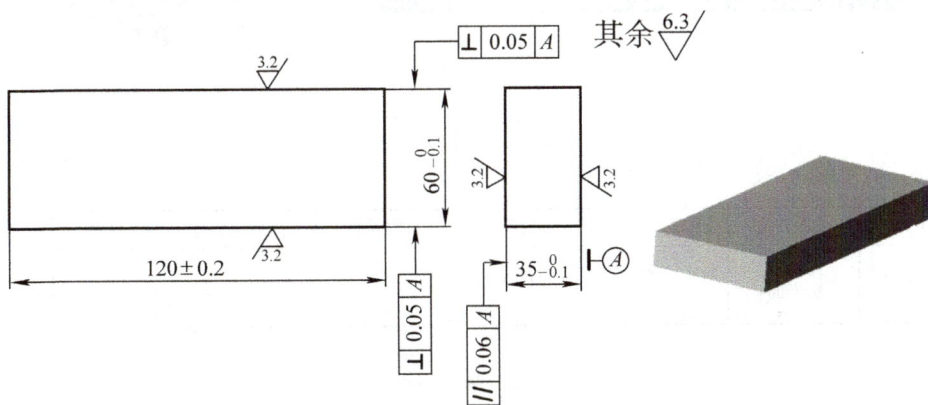

图 3-1 平形铁

图 3-1 平形铁

57

任务一 高速铣平形铁四面

零件图

顺序号	训练内容	训练件名称	材料	材料来源	转下次训练	件数	工时/h
训练 3-1	高速铣平面	平形铁	HT200	铸坯	训练 3-2	1	1.5

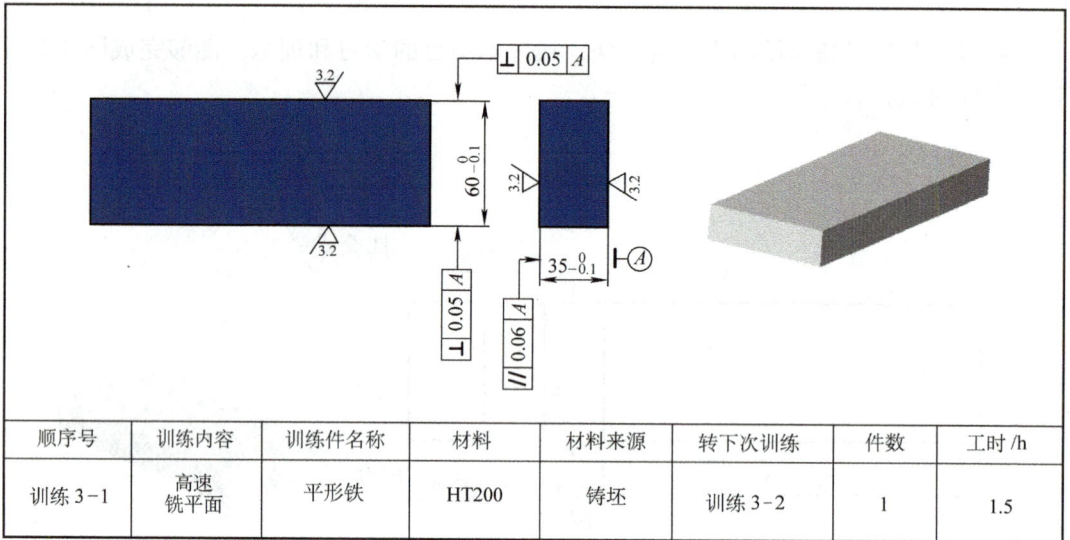

图 3-2 高速铣平面

学习目标

本任务是学习平面的高速铣削技术。通过本任务的学习，要求掌握高速铣削的方法，正确选择高速铣削时的铣刀，学会刃磨焊接刀具，了解机夹不重磨面铣刀的使用和调整方法及了解高速铣削时的安全生产知识。

相关知识

高速铣削是采用硬质合金刀具，用较高的铣削速度（$v = 60 \sim 200 \text{m/min}$），以获得高生产效率的铣削方法。高速铣削时，机床及其夹具、刀具都要有足够的强度和刚性，机床要有较大的功率，主轴要有较高的转速。

一、高速铣削所用刀具的材料

高速铣削硬质合金刀具的常用硬质合金材料有两类，一类是钨钴类硬质合金（YG类），

用于加工铸铁、非铁金属及其合金，常用的牌号有 YG8（用于粗加工）、YG6（用于半精加工）和 YG3（用于精加工）；另一类是钨钛钴类硬质合金（YT 类），用于加工一般钢材，常用的牌号有 YT5（用于粗加工）、YT14 和 YT15（用于半精加工）以及 YT30（用于精加工）。

二、高速铣削平面用铣刀

1. 普通机夹面铣刀

普通机夹面铣刀如图 3-3 所示，这类铣刀一般先把硬质合金刀片焊接在刀杆上，然后用机械夹固的方法把刀头固定在刀体上。常用固定刀头的方法是用螺钉或楔块紧固。

这类铣刀刀齿的数目一般不少于四个，这样可以使铣床主轴工作平稳，受力均匀。

（1）铣刀头的主要几何角度及其选用　焊接铣刀头的主要几何角度如图 3-4 所示，其选用见表 3-1。

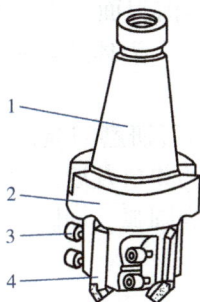

图 3-3　普通机夹面铣刀

1—锥柄　2—刀盘体　3—紧固螺钉　4—焊接刀头

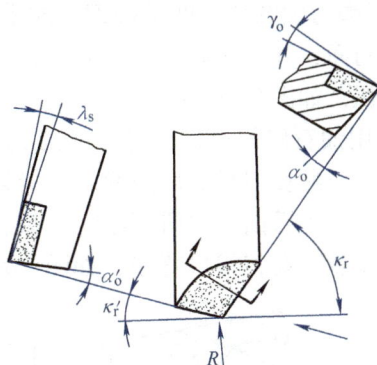

图 3-4　焊接铣刀头

表 3-1　端铣刀头的几何角度选用

被加工材料		γ_o	α_o	λ_s	κ_r	κ_r'	R/mm
钢	中碳钢 $\sigma_b < 800\text{N/mm}^2$	$0° \sim 5°$	$8° \sim 12°$	$0° \sim 5°$	$60° \sim 75°$	$6° \sim 10°$	$0.5 \sim 1.5$
	高碳钢 $\sigma_b = 800 \sim 1200\text{N/mm}^2$	$-10°$	$6° \sim 8°$	$5° \sim 10°$	$60° \sim 75°$	$6° \sim 10°$	$0.5 \sim 1.5$
	合金钢 $\sigma_b > 1200\text{N/mm}^2$	$-15°$	$6° \sim 8°$	$10° \sim 15°$	$45° \sim 65°$	$6° \sim 10°$	$1 \sim 2$
铸铁	$150 \sim 250\text{HBW}$	$5°$	$8° \sim 12°$	$0° \sim 5°$	$45° \sim 65°$	$6° \sim 10°$	$1 \sim 1.5$

（2）铣刀头的刃磨方法和步骤　刀片部分用碳化硅砂轮刃磨，刀体部分用棕刚玉砂轮刃磨，刃磨方法如下：

1）刃磨主后面。两手握刀，右手在前，左手在后，刀具前刀面向上，主切削刃与砂轮圆周面基本平行，刀体自然倾斜一个后角。适当用力使刀头的主后面与砂轮圆周面接触，再左、右移动刀具，刃磨出主后面，同时磨出主后角，如图 3-5a 所示。

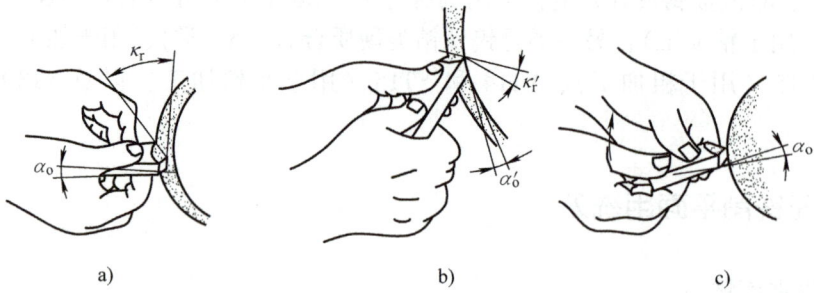

图 3-5 焊接刀头的刃磨

a）磨主偏角、主后面 b）磨副偏角、副后面 c）磨刀尖圆弧

2）刃磨副后面。两手握刀，左手在前，右手在后。刀具前刀面向上，使副切削刃与砂轮圆周面基本平行，刀体自然倾斜一个副后角，适当用力使刀头的副后面与砂轮圆周面接触，再左、右移动刀具，刃磨出副后面，同时磨出副后角，如图 3-5b 所示。

3）刃磨刀尖圆弧。两手握刀，左手在前，右手在后。刀具前刀面向上，刀体基本垂直于砂轮圆周面，并自然倾斜一个后角，使刀尖与砂轮圆周面接触，刀体适当左右回转，刃磨出刀尖圆弧，如图 3-5c 所示。

（3）用油石修整刃口、背刀 刀具刃磨后，应用碳化硅油石研磨刀具的切削部分。研磨时，油石应贴在刀具的后刀面上，轻轻地用力往复擦动刀具的刃口及后刀面。研磨时先研磨主切削刃、主后面，再研磨副切削刃、副后面，最后研磨刀尖圆弧，如图 3-6 所示。背刀过程中，注意不要将刃口背塌，如图 3-7 所示。

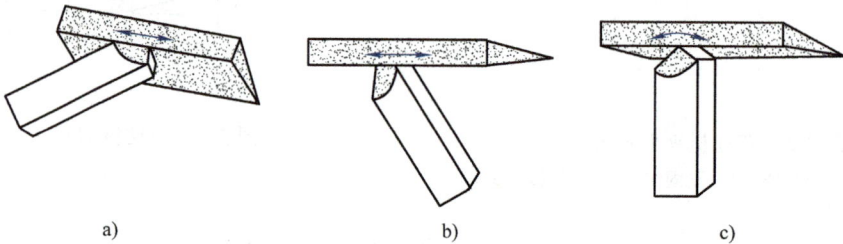

图 3-6 用油石研磨修整铣刀刃口

a）背主切削刃 b）背副切削刃 c）背刀尖圆弧

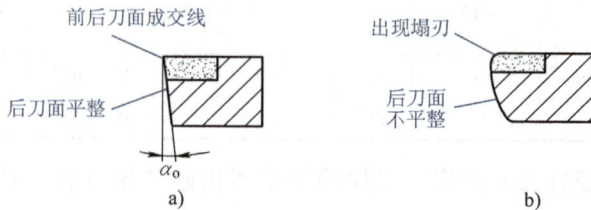

图 3-7 用油石修整后的刃口

a）正确 b）错误

（4）刀头刃磨后的检查 刃磨时，为了获得要求的主偏角、副偏角、后角，应用样板对刀头进行检验，如图3-8所示。

（5）刃磨时的注意事项 刃磨刀头时，双手动作协调，用力适当；磨削余量较大时，应避免温度过高，引起刀片碎裂；刃磨出的后刀面应平整，不能出现塌刃；刃磨过程中严禁沾水冷却，以免刀片碎裂；刃磨时应戴防护眼镜。

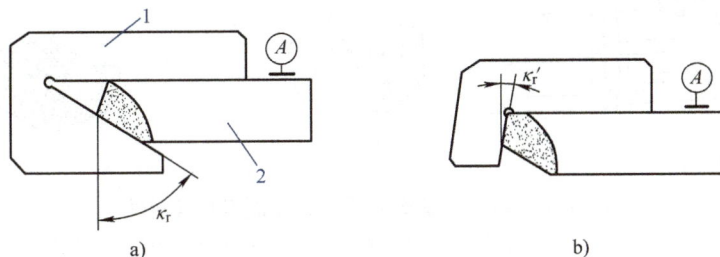

图3-8 用样板检验刃磨后的焊接刀头
a）检验主偏角 b）检验副偏角
1—样板 2—刀头

（6）刀头的安装 为了减少刀齿的圆跳动，使刀齿切削均匀，安装刀头时应进行校正。常用安装刀头的校正方法采用切痕对刀法，如图3-9所示。调整安装刀头时，先安装第一把刀头，夹紧工件对刀，在工件上铣出一段台阶面。然后停止工作台进给，再停止主轴旋转，安装第二把刀头，使刀头的主切削刃与工件上铣出的台阶面切痕对正，将刀头紧固。以同样的方法安装第三把刀和第四把刀头。安装完毕，降落工作台，起动机床，调整到原来的切削深度铣完第一刀。铣削中应时刻注意观察刀具的工作情况。

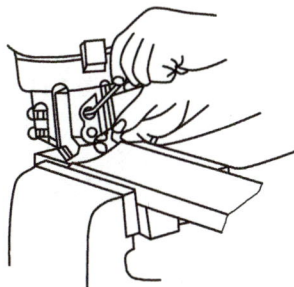

图3-9 切痕对刀安装铣刀头

2. 机夹不重磨硬质合金面铣刀

机夹不重磨硬质合金面铣刀是将具有一定精度和合理几何角度的多边形硬质合金铣刀片，用螺钉、压板、楔块、刀片座等简单零件紧固在刀体上，用来加工平面或台阶面的高效率刀具，如图3-10所示。

（1）刀具的安装 $\phi100 \sim \phi160mm$ 的机夹不重磨硬质合金面铣刀的安装方法与套式面铣刀的安装方法相同。$\phi200 \sim \phi500mm$ 的机夹不重磨硬质合金面铣刀的安装如图3-11所示。先将定位心轴1装入铣床主轴2的锥孔内对刀盘体定位，并使刀盘体4上的槽和主轴端的定位键对正，再用四个紧固螺钉3，通过主轴端的四个螺孔，将刀盘体紧固在铣床主轴上。

（2）刀片的转位更换 机夹不重磨硬质合金面铣刀不需要操作者刃磨。使用过程中，如果刀片切削刃用钝，只要用内六角扳手松开多边形刀片的夹紧块，把用钝的刀片转换一个位置，然后夹紧，就可继续使用，如图3-12所示。待多边形刀片的每一个切削刃都用钝后，再更换新刀片。为了保证刀片每次转位或更换后，都有正确的空间位置，刀片转位安装时，应与刀片座的定位点良好的接触，然后再用内六角扳手将刀片紧固。

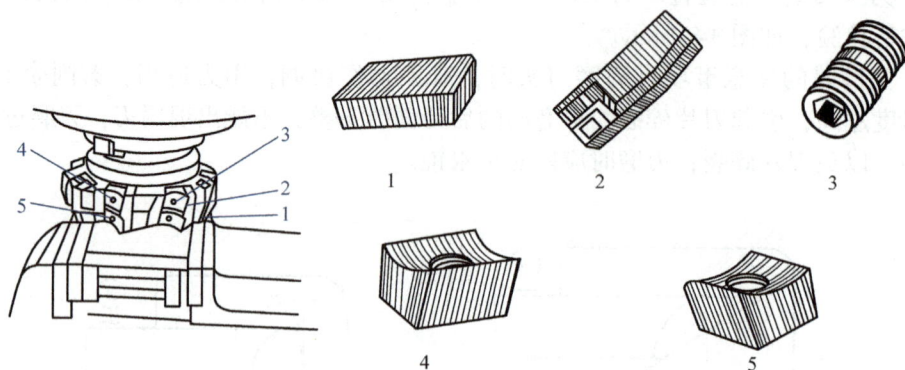

图 3-10　机夹不重磨硬质合金面铣刀及其附件
1—刀片　2—刀片座　3—双头螺钉　4—刀片座　5—刀片夹紧块

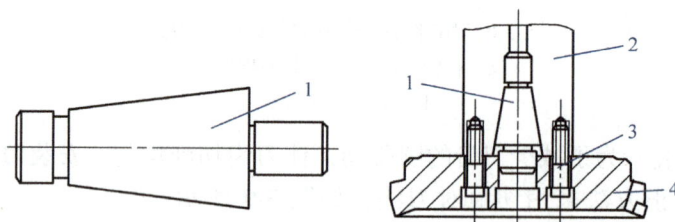

图 3-11　$\phi 200 \sim \phi 500mm$ 的机夹不重磨硬质合金面铣刀的安装
1—定位心轴　2—铣床主轴　3—紧固螺钉　4—刀盘体

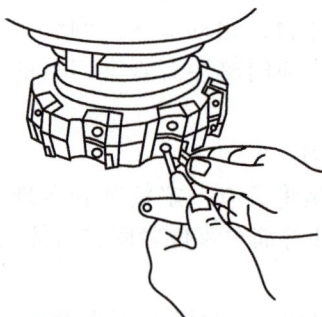

图 3-12　更换刀片

（3）使用注意事项　使用机夹不重磨硬质合金面铣刀时，要求机床、夹具刚性好，机床功率大，工件装夹牢固，刀片牌号与加工工件的材料相适应，刀片用钝后及时转位更换。这种铣刀不能铣有白口或硬皮的工件。

三、高速铣削时的切削用量

高速铣削钢材时，切削速度取 $v = 80 \sim 200m/min$；高速铣削铸铁时，切削速度取 $v = 60$

~150m/min。高速铣削也分粗铣和精铣。粗铣时采用较低的主轴转速，较高的进给速度，较大的背吃刀量；精铣时，采用较高的主轴转速，较低的进给速度，较小的背吃刀量。加工材料的强度、硬度较高时，切削用量取低些，加工材料的强度、硬度较低时，切削用量取高些。

例：在 X5032 铣床上，使用 $\phi100\mathrm{mm}$ 的普通机夹硬质合金面铣刀切削中碳钢，取主轴转速 $n=600\sim750\mathrm{r/min}$，进给速度 $v_\mathrm{f}=118\sim190\mathrm{mm/min}$，背吃刀量 $a_\mathrm{p}=2\sim4\mathrm{mm}$。如果仍然使用该铣刀，切削 HT200，则取主轴转速 $n=300\sim475\mathrm{r/min}$，进给速度 $v_\mathrm{f}=95\sim150\mathrm{mm/min}$，背吃刀量 $a_\mathrm{p}=2\sim5\mathrm{mm}$。

四、高速铣削时对工件的装夹要求

高速铣削时，由于切削力较大，铣刀和工件间的冲击力也较大，故要求工件装夹牢固、可靠，夹紧力的大小能足以承受铣削力。采用机用平口钳装夹工件时，工件加工表面伸出钳口的高度应尽量减少，切削力应朝向机用平口钳的固定钳口。

技能训练

一、工艺分析

1）该零件为铸造毛坯，材料为 HT200，该材料的切削性能良好。
2）该零件高速铣削平面的尺寸为 $35_{-0.1}^{0}\mathrm{mm}\times60_{-0.1}^{0}\mathrm{mm}$。
3）尺寸 $35_{-0.1}^{0}\mathrm{mm}$ 对基准 A 的平行度为 0.06mm，尺寸 $60_{-0.1}^{0}\mathrm{mm}$ 对基准 A 的垂直度为 0.05mm。
4）$35_{-0.1}^{0}\mathrm{mm}\times60_{-0.1}^{0}\mathrm{mm}$ 各面加工的表面粗糙度均为 $R_\mathrm{a}3.2\mu\mathrm{m}$。

二、加工步骤

1）选择并安装铣刀盘（选择 $\phi100\mathrm{mm}$ 普通机夹面铣刀）。
2）选择并刃磨铣刀头（选择 YG8 的焊接刀头）。
3）安装并找正机用平口钳。
4）A 面向上，装夹、校正工件。
5）调整切削用量（取转速 $n=475\mathrm{r/min}$，进给速度 $v_\mathrm{f}=118\mathrm{mm/min}$）。
6）对刀试切并调整、安装铣刀头。
7）铣尺寸 $35_{-0.1}^{0}\mathrm{mm}\times60_{-0.1}^{0}\mathrm{mm}$ 各面，达到图样标注的尺寸精度、位置精度和表面粗糙度等要求。

三、注意事项

1）铣削前先检查刀盘、铣刀头、工件装夹是否牢固，铣刀头的安装位置是否正确。

2）铣刀旋转后，应检查铣刀的旋转方向是否正确。

3）调整背吃刀量时应开车对刀。

4）进给中途，不准停止主轴旋转和工作台机动进给，遇有问题应先降落工作台，再停止主轴旋转和工作台机动进给。

5）进给中途不准测量工件。

6）切屑应飞向床身，以免伤人。

7）对刀试切调整安装铣刀头时，注意不要损伤刀片刃口。

8）若采用四把铣刀头，可将刀头安装成台阶状切削工件。

任务二　高速铣平形铁两端面

零件图

顺序号	训练内容	训练件名称	材料	材料来源	转下次训练	件数	工时 /h
训练 3-2	铣两端面	平形铁	HT200	训练 3-1		1	1

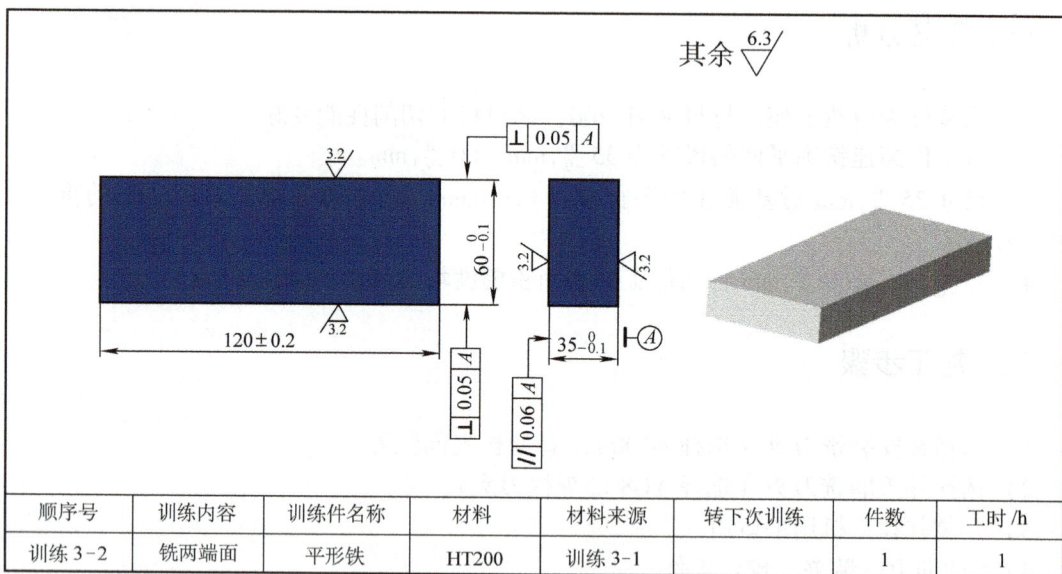

图 3-13　铣平形铁两端面

学习目标

本任务主要是学习和训练用机夹不重磨立铣刀铣削端面，要求掌握用机夹不重磨立铣刀铣削端面的方法。

相关知识

机夹不重磨立铣刀如图 3-14 所示，它是一种新型的、高效率的先进立铣刀，其特点和使用时的调整方法与机夹不重磨硬质合金面铣刀相同。

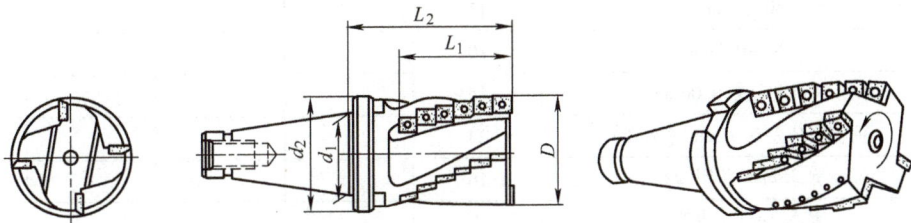

图 3-14　机夹不重磨立铣刀

技能训练

一、工艺分析

1）铣削尺寸为 120 ± 0.2 mm 两端面。
2）120 ± 0.2 mm 两端面的表面粗糙度为 $R_a6.3\mu$m。

二、加工步骤

1）安装机夹不重磨立铣刀。
2）装夹并找正工件，如图 3-15 所示。
3）高速铣削 120 ± 0.2 mm 两端面，保证表面粗糙度 $R_a6.3\mu$m。

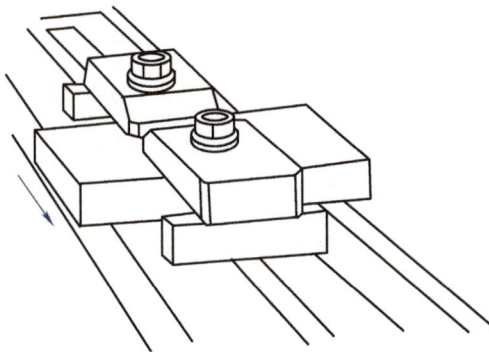

图 3-15　工件的安装

检测与评价

表 3-2 平形铁检测与评价表

序号	检 测 内 容	配分	量具	检测结果	学生评分	教师评分
1	$35_{-0.1}^{\ 0}$ mm	16				
2	$60_{-0.1}^{\ 0}$ mm	15				
3	120 ± 0.2 mm	10				
4	平行度公差 0.06mm	15				
5	垂直度公差 0.05mm（两处）	24				
6	$R_a 3.2 \mu m$（四处）	16				
7	$R_a 6.3 \mu m$（两处）	4				
8	安全文明生产	违纪一项扣 20 分				
	合计	100				

项目四 铣T形键块

本项目主要学习台阶的铣削和切断。通过本项目的学习和训练,能够完成图 4-1 所示零件的铣削加工。

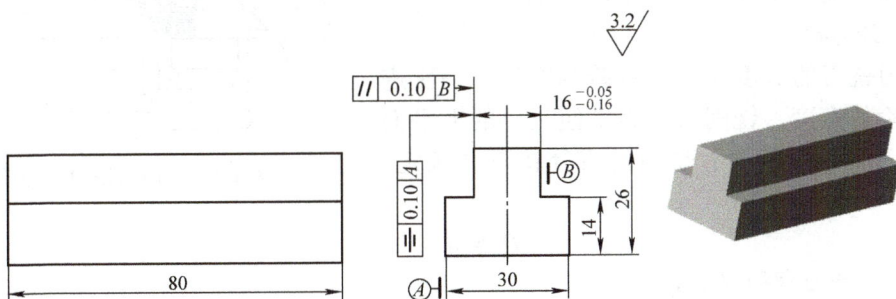

图 4-1 铣 T 形键块

任务一 铣 T 形键块台阶

零件图

顺序号	训练内容	训练件名称	材料	材料来源	转下次训练	件数	工时 /h
训练4-1	铣 T 形键块台阶	铣 T 形键块	45		训练 4-2	2	2.5

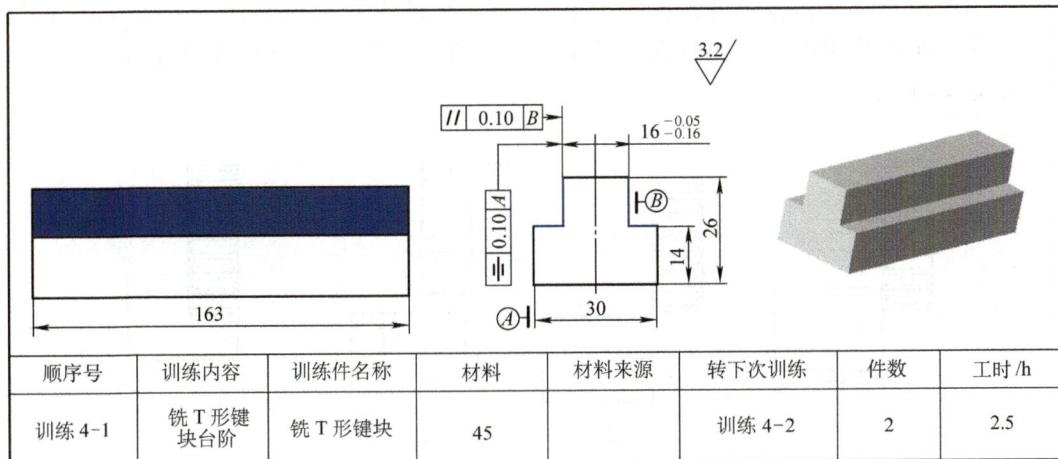

图 4-2 铣 T 形键块台阶

本任务是学习台阶的铣削技术。通过本任务的学习，要求掌握台阶面的铣削方法和测量方法，正确选择铣台阶用的铣刀及分析铣削中出现的问题和注意事项。

一、铣台阶

用三面刃铣刀铣台阶，如图 4-3 所示。

1. 铣刀的选择

三面刃铣刀的宽度应大于台阶的宽度，一次进给铣出台阶的宽度。铣削时，为了使工件的上平面能够在铣刀刀轴下通过，铣刀的直径按下式确定，即

图 4-3　三面刃铣刀铣台阶

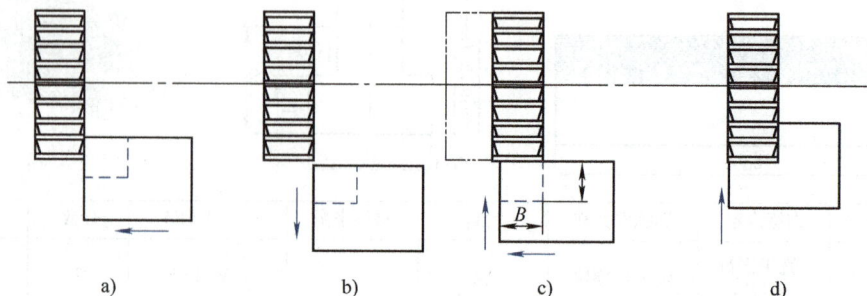

$$D > d + 2t$$

式中　D——铣刀直径（mm）；

　　　d——刀轴垫圈直径（mm）；

　　　t——台阶的深度（mm）。

2. 工件的安装和校正

本次加工应采用机用平口钳装夹工件。安装机用平口钳时，应找正固定钳口与铣床主轴轴线垂直。安装工件时，应使工件的侧面靠向机用平口钳的固定钳口，工件的底面靠向钳体导轨平面，铣削的台阶底面应高出钳口上平面。

3. 铣削方法

安装找正工件后，摇动各进给手柄，使铣刀侧面划着台阶侧面，如图 4-4a 所示；然后，降落工作台，如图 4-4b 所示；横向移动一个台阶宽度的距离，将横向进给锁紧，上升工作台，使铣刀圆周刃轻轻划着工件，如图 4-4c 所示；摇动纵向进给手柄，使铣刀退出工件，上升工作台一个台阶深度，手摇纵向进给手柄使工件靠近铣刀，扳动自动进给手柄铣出台阶，如图 4-4d 所示。

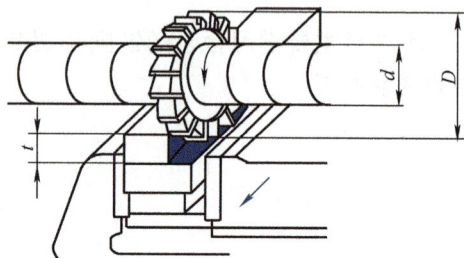

a)　　　　　b)　　　　　c)　　　　　d)

图 4-4　铣台阶

4. 铣削较深的台阶

铣削较深的台阶时，台阶的侧面留 0.5～1mm 的余量，分数次铣到尺寸。最后一次进给铣削时可将台阶的侧面和底面同时铣成，如图 4-5 所示。

5. 一把三面刃铣刀铣双面台阶

铣削双面台阶时，先铣出一侧的台阶，并保证尺寸要求，然后使铣刀退出工件，移动横向工作台一个距离，即 $A = B + C$，再将横向进给紧固，铣出另一侧的台阶，如图 4-6 所示。

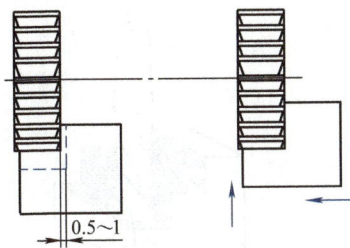

图 4-5　铣削较深的台阶

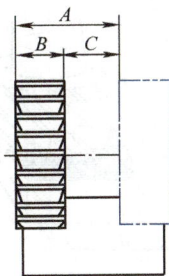

图 4-6　铣削双面台阶

二、组合的三面刃铣刀铣台阶

生产数量较多的双面台阶零件，可用组合的三面刃铣刀加工，如图 4-7 所示。铣削时，选择两把直径相同的三面刃铣刀，用薄垫圈适当调整两把三面刃铣刀内侧刃间的距离，并用卡尺进行测量，使其等于凸台的宽度，如图 4-8 所示。再用废料试铣检查凸台的尺寸，符合图样的尺寸要求后再进行加工。组合铣刀铣削时，试铣检查凸台的尺寸最好是图样要求的中间偏差或下偏差。

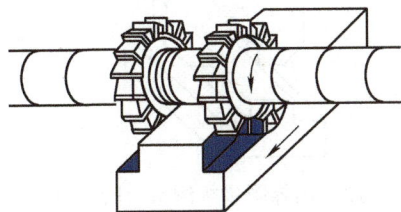

图 4-7　组合铣刀铣台阶

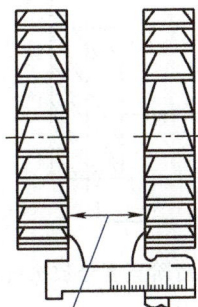

等于凸台宽度

图 4-8　用卡尺测量铣刀内侧刃间距离

三、面铣刀铣台阶

宽度较宽且深度较浅的台阶可用面铣刀加工，如图 4-9 所示。工件可用机用平口钳装夹，也可用压板夹紧在工作台面上。铣削时所选择的面铣刀直径应大于台阶的宽度，以便在一次进给中铣出台阶。台阶的深度可分数次铣成。

四、立铣刀铣台阶

深度较深的台阶可用立铣刀铣削，如图 4-10 所示。用立铣刀圆周刃铣台阶时，先调整到要求的台阶深度，台阶的宽度可分数次铣成，如图 4-11 所示。由于立铣刀的强度较弱，允许的切削用量应比三面刃铣刀小。

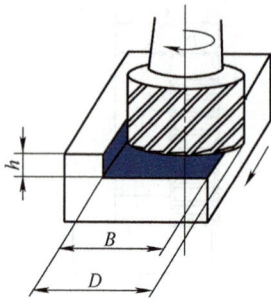

图 4-9　面铣刀铣台阶

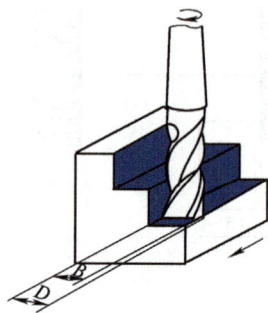

图 4-10　立铣刀铣台阶

五、台阶的测量

台阶的宽度和深度可用游标卡尺或深度尺测量。对于两边对称的台阶，深度较深时用千分尺测量；深度较浅时，用千分尺测量不便，可用界限量规测量，如图 4-12 所示。

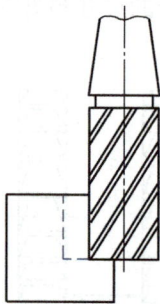

图 4-11　台阶宽度分数次铣成

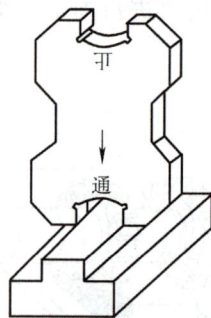

图 4-12　用界限量规测量台阶宽度

技能训练

一、工艺分析

1）台阶的宽度尺寸为 $16_{-0.16}^{-0.05}$ mm，台阶底面高度尺寸为 14mm。

2）台阶两侧面的平行度公差为 0.10mm，对外形宽度 30mm 的对称度公差为 0.10mm。

3）预制件为 163mm×30mm×26mm 的长方体工件，台阶在全长贯通。

4）工件各表面粗糙度值均为 $R_a3.2\mu m$，铣削加工比较容易达到。

5）工件材料为 45 钢，切削性能较好，加工时可选用高速钢铣刀，加注切削液进行铣削。

6）工件形体为长方体，宜采用机用平口钳装夹。

二、加工步骤

1）安装、找正机用平口钳。

2）装夹和找正工件。

3）选择并安装铣刀（采用 $\phi80mm \times 12mm$ 齿数为 12 的标准直齿三面刃铣刀及 $\phi27mm$ 的刀杆安装铣刀）。

4）选择铣削用量。按工件材料（45 钢）和铣刀的规格选择和调整铣削用量，调整主轴转速 $n = 75r/min$，进给速度 $v_f = 47.5mm/min$（$f_z = 0.053mm/z$）。

5）对刀和一侧台阶粗铣调整，如图 4-13a 所示。

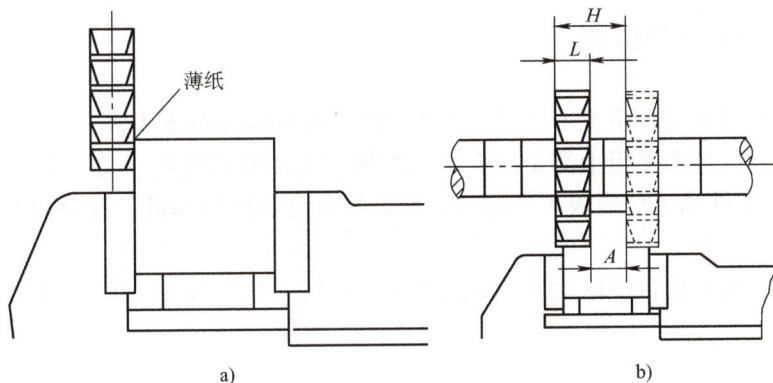

图 4-13 调整双台阶铣削位置

a）侧面对刀 b）另一侧横向位移尺寸

① 侧面横向对刀。在工件一侧面贴薄纸，使三面刃铣刀的侧刃恰好擦到工件侧面，在横向刻度盘上作记号。调整横向，使一侧面铣削量为 6.5mm。

② 上平面垂向对刀。在工件上平面贴薄纸，使三面刃铣刀的圆周刃恰好擦到工件上平面，在垂向刻度盘上作记号。调整垂向，使工件上升 11.5mm。

6）粗铣和预检一侧台阶。

① 粗铣一侧台阶时注意锁紧工作台横向进给，因工件夹紧面积较小，铣刀切入时工件较易被拉起，此时可用手动进给缓缓切入，待切削比较平稳时再使用自动进给。

② 预检时，应先计算预检的尺寸数值。留 0.5mm 精铣余量时，测得台阶侧面与工件侧面的尺寸为 23.41mm。若按键宽为 15.89mm 计算，则台阶单侧铣除的余量为 $\dfrac{29.91 - 15.89}{2}mm = 7.01mm$。因此，精铣一侧台阶后的尺寸应为（7.01 + 15.89）mm = 22.90mm，铣削余量为（23.41 - 22.90）mm = 0.51mm。台阶底面高度的尺寸可直接用游标卡尺测量。若粗铣后测得高度尺寸为 14.45mm，则精铣余量为（14.45 - 14）mm = 0.45mm。

7）精铣和预检一侧台阶。

① 工作台按 0.51mm 横向准确移动，按 0.45mm 垂向升高，精铣一侧台阶。铣削时为保证表面质量，应全程使用机动进给。

② 预检精铣后的两侧面尺寸应为 22.90mm，底面高度尺寸为 14mm。

8）粗铣和预检另一侧台阶。

① 如图 4-13b 所示，铣削另一侧台阶，粗铣时可在侧面留 0.5mm 余量，因此横向移动距离 s 为

$$s = A + L + 0.5mm = (15.89 + 12 + 0.5)mm = 28.39mm$$

按计算出的 s 值横向移动工作台，粗铣另一侧。

② 由于计算出的 s 值中铣刀的宽度为公称尺寸，预检时，测得另一侧粗铣后的键宽尺寸为 16.30mm，因此实际精铣余量为 （16.30 – 15.89） mm =0.41mm。

9）精铣另一侧台阶。按预检尺寸与图样中间公差的键宽尺寸差值 0.41mm 准确移动工作台横向，精铣另一侧台阶。

三、双台阶工件的检测

1）用千分尺测量的台阶宽度尺寸应在 15.84～15.95mm 范围内。

2）用百分表在标准平板上测量键宽对工件两侧面的对称度时，将工件定位底面紧贴六面角铁垂直面，工件侧面与平板表面贴合，然后用翻身法比较测量，百分表的示值误差应在 0.10mm 范围内。

3）用游标卡尺测量台阶底面高度尺寸应在 13.79～14.21mm 之间（未注公差可按 js14 确定公差范围）。

四、质量分析

1）台阶宽度尺寸超差的主要原因是对刀不准确、预检不准确、工作台调整数值计算错误等。

2）台阶侧面的平行度超差的原因是铣刀直径较大、工作时向不受力一侧偏让、工件定位侧面与纵向不平行（图 4-14a）、万能铣床的工作台回转盘零位未对准等。其中工作台零位未对准时，用三面刃铣刀铣削而成的台阶两侧面将会出现凹弧形曲面，且上窄下宽而影响宽度尺寸和形状精度，如图 4-14b 所示。

3）台阶宽度与外形对称度超差的原因是工件侧面与工作台纵向不平行、工作台调整数据计算错误、预检测量误差等。

4）表面粗糙度超差的原因是铣刀刃磨质量差和过早磨损、刀杆精度差、支架支持轴承间隙调整不合理等。

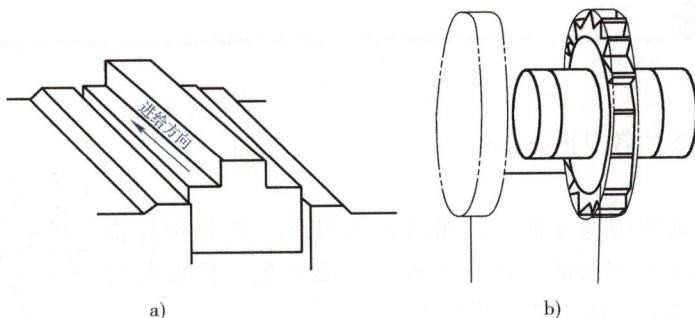

图 4-14　台阶侧面平行度误差大

a）工件定位侧面与纵向不平行　b）工作台零位未对准

任务二　T 形键块切断

零 件 图

顺序号	训练内容	训练件名称	材料	材料来源	转下次训练	件数	工时 /h
训练 4－2	切断	铣 T 形键块	45	训练 4－1		1	0.5

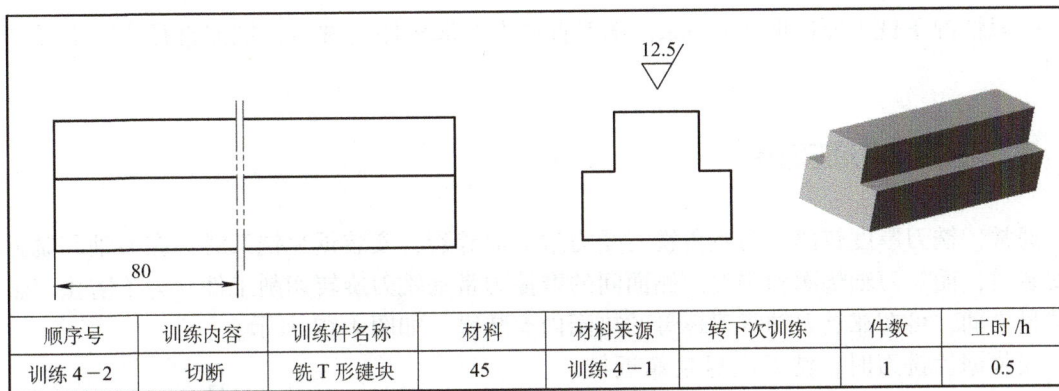

图 4-15　T 形键块切断

学习目标

　　本任务是学习用铣床进行切断操作。通过本任务的学习，要求掌握用锯片铣刀切断的方法，正确选择切断用的锯片铣刀及分析造成锯片折断的原因及预防措施。

相关知识

一、切断时锯片铣刀的选择

在铣床上切断通常用锯片铣刀，如图 4-16 所示，选择锯片铣刀时，主要是选择锯片铣刀的直径和厚度。在能够把工件切断的情况下，应尽量选择直径较小的锯片铣刀。

选择铣刀外径按下式确定，即

$$D > d + 2t$$

式中　D——铣刀直径（mm）；

　　　　d——刀杆垫圈外径（mm）；

　　　　t——工件厚度（mm）。

图 4-16　切断

选择铣刀厚度按下式确定，即

$$L < \frac{B_0 - nB}{n - 1}$$

式中　L——铣刀厚度（mm）；

　　　　B_0——工件总长（mm）；

　　　　B——每件长度（mm）；

　　　　n——切断工件数。

一般情况下铣刀厚度取 2～5mm，铣刀直径大时取较厚的铣刀，铣刀直径小时取较薄的铣刀。

二、锯片铣刀的安装

通常，铣刀厚度较薄，为避免铣刀受力过大而碎裂，安装锯片铣刀时，在刀轴和铣刀间不安装键，而靠刀轴垫圈和铣刀两侧面间的摩擦力带动铣刀旋转切削工件。为了防止刀轴紧刀螺母松动，可在靠近刀轴紧刀螺母的垫圈内安装键，如图 4-17 所示。

安装锯片铣刀时，铣刀应尽量靠近铣床主轴端部。安装挂架时，挂架应尽量靠近铣刀，以便增加刀轴的支持刚性。铣刀安装后，刀齿的圆跳动和端面跳动在要求的范围内，以免因圆跳动过大，使同时工作的齿数减少，切削不均匀，排屑不流畅，损坏刀齿；或因端面跳动过大，使刀具两侧面与工件切缝两侧的摩擦力增大，出现夹刀现象，损坏铣刀。

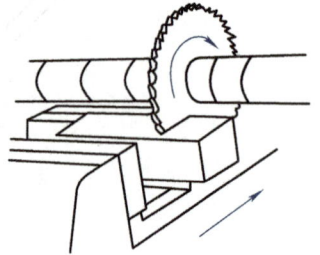

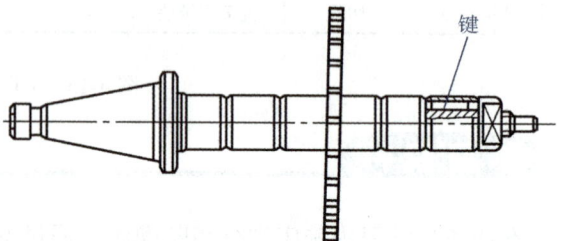

图 4-17　刀杆螺母的防松措施

三、工件的装夹

1. 用机用平口钳装夹工件

用机用平口钳装夹工件时，固定钳口应与铣床主轴轴线平行。铣削力应朝向固定钳口。工件伸出钳口端长度应尽量短（以铣不着钳口端为宜），避免切断时产生振动。

2. 用压板装夹工件

切断板料时，可用压板将工件夹紧在工作台台面上，压板的夹紧点要尽量靠近铣刀，切缝置于工作台 T 形槽间，防止损伤工作台面。工件的端面和侧面应安装定位靠铁，以便工件定位和承受一定的铣削力，防止工件松动。

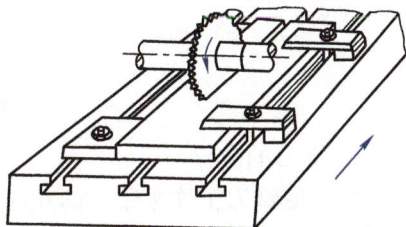

图 4-18 用压板装夹工件切断薄板料

在 X6132 铣床上切断薄板料时，可以采用顺铣，如图 4-18 所示。应将工作台丝杠和螺母间隙调整在合理的范围以内。

四、机用平口钳装夹工件的切断方法

用机用平口钳装夹工件切断时，可用手动进给或机动进给。使用机动进给时，应先手摇工作台手柄，使铣刀切入工件后，再扳动机动进给手柄，机动进给切断工件。

1. 切断较薄的工件

切断厚度较薄的工件时，将坯料的一端伸出钳口端约 3～5 个工件厚度的尺寸，紧固工件，对刀调整。切去坯料的毛坯端部，如图 4-19a 所示。然后将工件退出铣刀位置，松开横向进给紧固手柄，横向移动工作台一个铣刀厚度和工件厚度之和，紧固横向进给，切断出第一件，如图 4-19b 所示。以同样的方法切断 3～5 件后，松开工件，重新装夹，使铣刀擦着坯料端部后，再逐次切断工件。

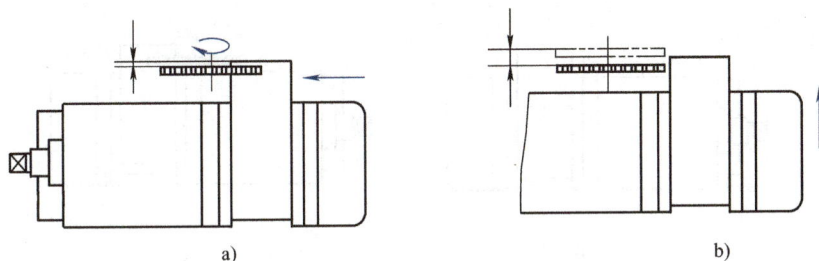

a)   b)

图 4-19 切断厚度较薄的工件

2. 切断较厚的工件

切断厚度较厚的工件时，将坯料一端伸出钳口端部 10～15mm，切去坯料的毛坯端部，如图 4-20a 所示。然后退刀松开坯料，再使坯料伸出钳口端部一个工件厚度加 5～10mm 的长度，将工件夹紧。横向移动工作台使铣刀擦着坯料端部，退出工件。横向移动一个工件厚

度和铣刀厚度距离之和，将横向进给紧固，切断工件，如图 4-20b 所示。

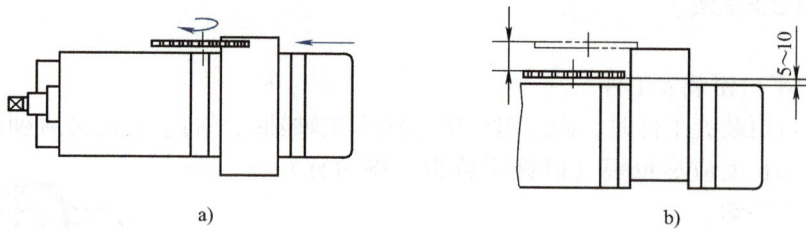

图 4-20　切断厚度较厚的工件

3. 铣刀的位置

为了使铣刀工作平稳，防止铣刀将工件抬出钳口，损坏铣刀，铣刀切断工件时，其圆周刃刚好与切出底面为宜，如图 4-21 所示。

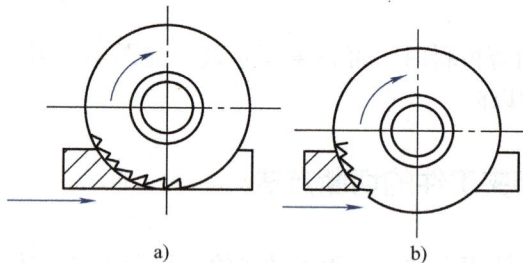

图 4-21　切断时铣刀的位置

a）正确　b）错误

4. 切断较短的坯料

坯料切到最后，长度变短，装夹后钳口受力不均匀，活动钳口易歪斜，切断时工件易被刀具抬出钳口，损坏铣刀，啃伤工件。所以，坯料切到最后，应在钳口的另一端垫上切成的工件或垫块，使钳口两端受力均匀，如图 4-22 所示，切到最后留下约 20～30mm 长的料头，就不能再切了。

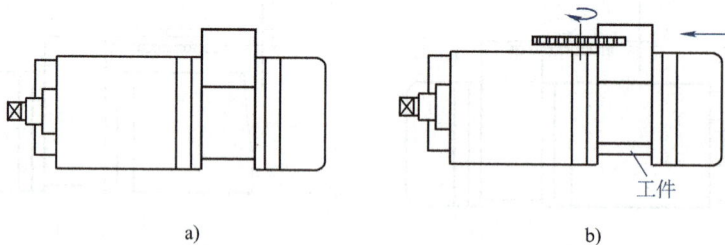

图 4-22　垫工件或垫块使钳口受力均匀

a）没垫工件　b）垫上工件

5. 切断带孔工件

切断带孔工件时，仍将机用平口钳的固定钳口与铣床主轴轴线平行安装，夹持工件的两端面，将工件切透，如图 4-23 所示。

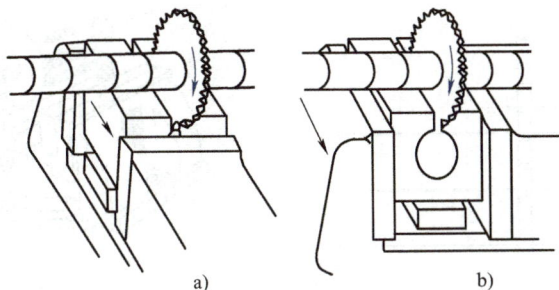

图 4-23　切断带孔工件
a）正确　b）错误

技能训练

一、工艺分析

1）切断加工的长度尺寸为 80mm，精度要求按 js13 ~ js15 的公差加工。

2）切断面表面粗糙度值为 $R_a12.5\mu m$，在铣床上切断加工能达到要求。

3）预制件的材料为 45 钢，切削性能较好。

4）预制件为 163mm × 30mm × 26mm T 形台阶零件，采用机用平口钳装夹。

二、加工步骤

1）安装机用平口钳，使固定钳口与工作台横向平行，并使水平切削力指向固定钳口，工件用平行垫块垫高。

2）根据图样上工件预制件长度 B_0、厚度 t 与切断后成品的数量 n 选择铣刀规格。因预制件长度为 163mm，键块长度 B 为 80mm，工件厚度尺寸 t 为 26mm，故成品件数 n 为 2，刀杆垫圈外径 d 为 40mm。按锯片铣刀外径和厚度计算公式得

$$D > d + 2t = (40 + 2 \times 26)mm = 92mm$$

$$L < \frac{B_0 - nB}{n - 1} = \frac{163 - 2 \times 80}{2 - 1}mm = 3mm$$

现选用外径为 125mm，宽度为 3mm 的 48 齿标准锯片铣刀。

3）对刀。

① 采用侧面对刀法时，应移动工作台使铣刀外圆最低处低于工件下平面 1mm，铣刀侧面与工件端面恰好接触，纵向退刀，横向移动 $S = L + B = 3mm + 80mm = 83mm$。具体操作步骤如图 4-24a 所示。

② 采用测量对刀法时，调整工作台，使铣刀处于工件铣削位置上方，将金属直尺端面靠向铣刀的侧面，移动工作台横向，使金属直尺 80mm 刻线与工件端面对齐，如图 4-24b 所示，然后退刀，按垂向对刀记号升高 26mm。

4）铣削用量的选择。按工件材料（45 钢）、表面粗糙度要求和锯片铣刀的直径尺寸

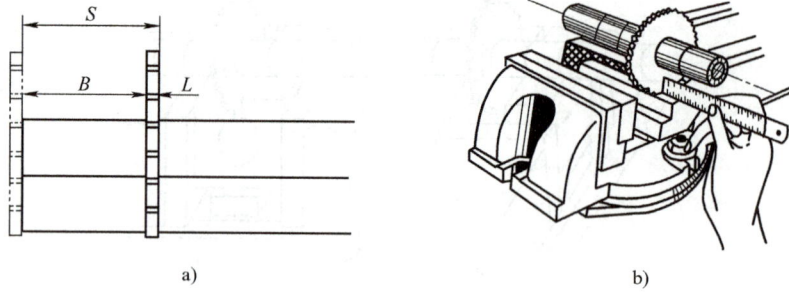

图 4-24 切断加工侧面对刀
a）侧面对刀 b）测量对刀

选择和调整铣削用量，现调整主轴转速 $n = 47.5 \text{r/min}$，进给速度 $v_f = 30 \text{mm/min}$（$f_z \approx 0.013 \text{mm/z}$）。

5）T 形块的切断加工。起动机床，纵向移动工作台，当铣刀铣到工件后，缓慢均匀手动进给，切削较平稳时可起用机动进给，也可继续手动进给完成切断加工。

三、质量分析

1）长度尺寸超差的主要原因有侧面对刀移动尺寸计算错误或操作失误、测量对刀时金属直尺刻线未对准等。

2）切断面垂直度超差的原因有工件微量抬起、铣刀偏让、机用平口钳固定钳口与工作台横向不平行、工件装夹时上平面与工作台面不平行等。

3）铣刀折断的原因有在万能铣床上加工工作台零位不准、切断加工时工作台横向未锁紧、铣削受阻停转时没有及时停止进给和停止主轴旋转、铣刀安装后端面圆跳动过大、工件未夹紧铣削时被拉起等。

检测与评价

表 4-1 铣 T 形键块检测与评价表

序号	检测内容	配分	量具	检测结果	学生评分	教师评分
1	$16_{-0.16}^{-0.05}$ mm	20				
2	14mm	15				
3	平行度公差为 0.10mm	20				
4	对称度公差为 0.10mm	20				
5	$R_a 3.2 \mu\text{m}$	10				
6	$R_a 12.5 \mu\text{m}$	5				
7	80	10				
8	安全文明生产	违纪一项扣 20 分				
	合计	100				

项目五 铣车床挂架

本项目主要学习和训练单孔、平行孔的铣削方法。通过本项目的学习和训练，能够完成图 5-1 所示零件的铣削加工。

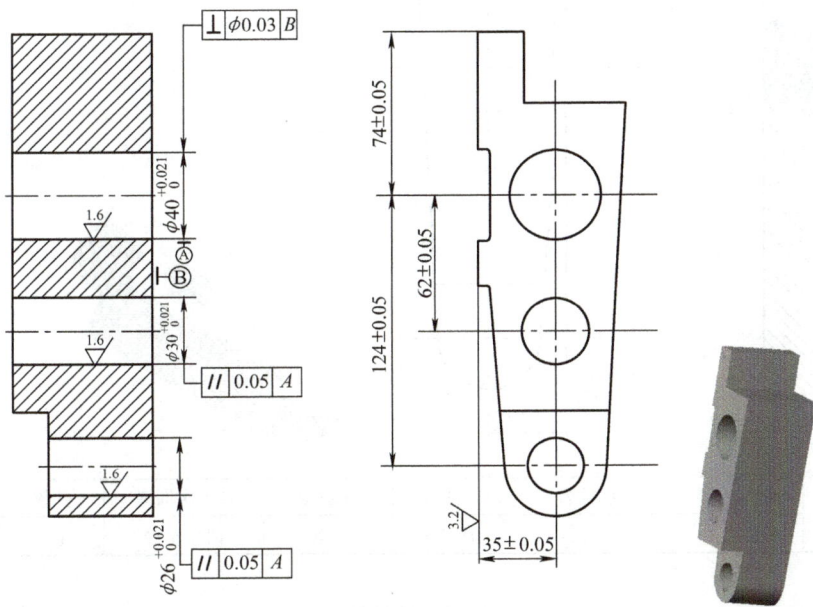

图 5-1　车床挂架

任务一 铣丝杠孔

零件图

顺序号	训练内容	训练件名称	材料	材料来源	转下次训练	件数	工时 /h
训练 5—1	铣丝杠孔	铣车床挂架	HT200	铸坯	训练 5—2	1	4

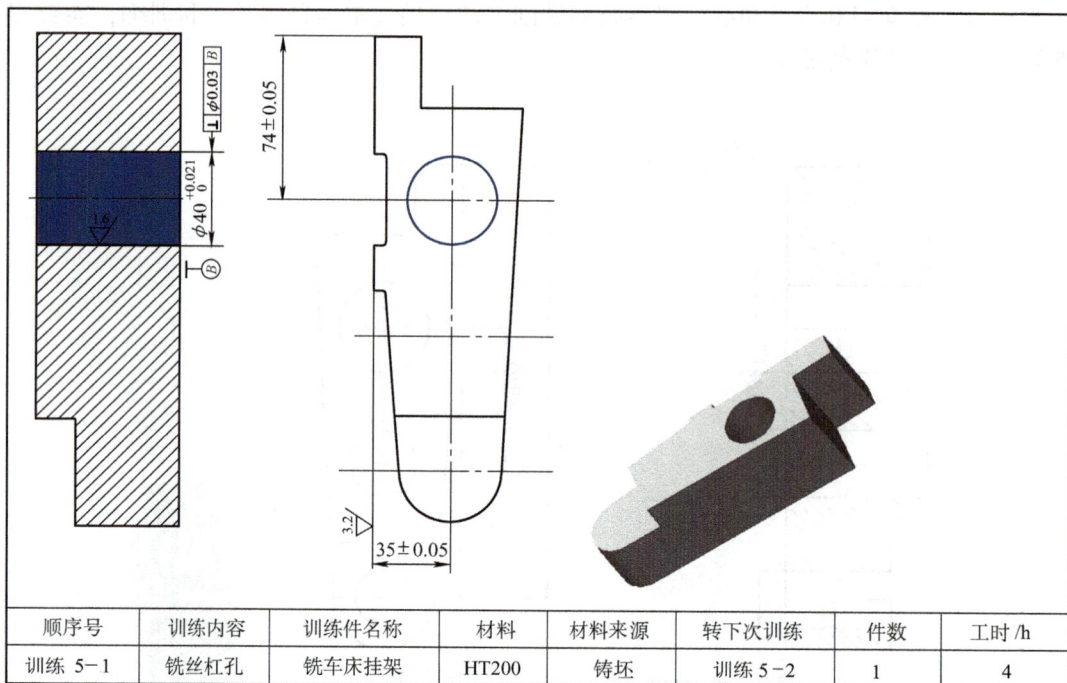

图 5-2 铣丝杠孔

学习目标

本任务主要是学习和训练在铣床上钻孔、镗孔和铰孔的方法。通过本任务的训练，熟练掌握在铣床上钻孔、镗孔和铰孔（精度 IT8 ~ IT9，孔的表面粗糙度 $R_a \leqslant 3.2 \mu m$），并能分析镗孔中出现的质量问题。

相关知识

一、孔加工的刀具与选用

1. 孔加工刀具的种类

在铣床上加工孔常用的刀具有麻花钻、铣刀、镗刀和铰刀，使用时须根据孔径的尺寸大小与精度要求选用。

（1）麻花钻及其他钻头　在铣床上钻孔通常用麻花钻加工。麻花钻有直柄和锥柄两种，直柄钻头的直径一般在 0.3~20mm 之间；锥柄钻头的柄部大多是莫氏锥度，故称为莫氏锥柄。莫氏锥柄的麻花钻头直径见表 5-1。除麻花钻外，常用的钻头还有扩孔钻（直柄、锥柄和套式）、锪钻（直柄、锥柄）、中心钻和扁钻等。

（2）铣刀　在铣床上扩孔通常使用铣刀。常用的扩孔铣刀有立铣刀和键槽铣刀。

（3）镗刀　镗刀的种类比较多。按其切削刃数量可分为单刃和双刃镗刀；按其用途可分为内孔与端面镗刀；按镗刀的结构可分为整体式单刃镗刀、镗刀头、固定式镗刀块和浮动式镗刀块等。

（4）铰刀　铰刀用于孔的精加工。铰刀按使用方式分为手用铰刀与机用铰刀；根据安装部分结构可分为直柄、锥柄与套式三种。

表 5-1　莫氏锥柄麻花钻头的直径

莫氏锥柄号	1	2	3	4	5	6
钻头直径 /mm	≥3~14	>14~23.05	>23.05~31.75	>31.75~50.08	>50.08~76.2	>76.2~80

2. 孔加工刀具的选用

（1）中心钻的选用　在铣床上加工孔时，通常用中心钻加工定位中心孔。选用的中心钻直径应考虑铣床主轴转速，使其能保证达到一定的切削速度，否则中心钻的头部容易损坏。

（2）麻花钻的选用　一般按孔的加工要求选用麻花钻。用麻花钻钻孔时，应注意修磨过的钻头直径与钻头标注规格存在偏差。粗加工选用钻头时，一定要考虑留有精加工余量。用于直接加工达到图样要求的钻头，应控制钻出的实际孔径在尺寸公差范围之内。钻头切削部分的长度在保证钻孔深度足够的条件下应尽可能短，以减少钻削时钻头的扭动。

（3）扩孔钻、锪钻与铣刀的选用　深度较小的扩孔加工可以选用铣刀。选用立铣刀应注意铣刀端面刃的铣削范围，以免损坏铣刀。立铣刀的直径因外圆修磨的缘故，可达到较多孔径要求。键槽铣刀因外圆一般不修磨，能通过扩孔达到铣刀规格尺寸的精度要求。深度较大的扩孔加工选用扩孔钻。除此之外，根据孔口的形状（锥面、平面、球面）和尺寸，选用相应的锪钻。

（4）镗刀的选用　根据孔加工的要求，镗刀的选用一般与镗刀杆选用相结合。在铣床上镗孔，通常选用机械固定式镗刀，如图 5-3a、图 5-3b 和图 5-3c 所示。精度较高的孔加工

可选用浮动式镗刀，如图 5-3d 所示；也可选用镗刀杆与可调节镗头，如图 5-4 所示。镗刀的几何角度参数见表 5-2。

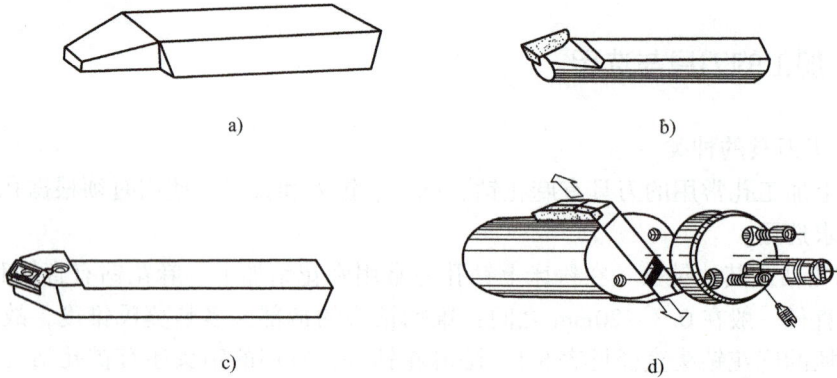

图 5-3　镗刀

a）高速钢镗刀　b）硬质合金焊接式镗刀　c）可转位硬质合金镗刀　d）浮动式镗刀

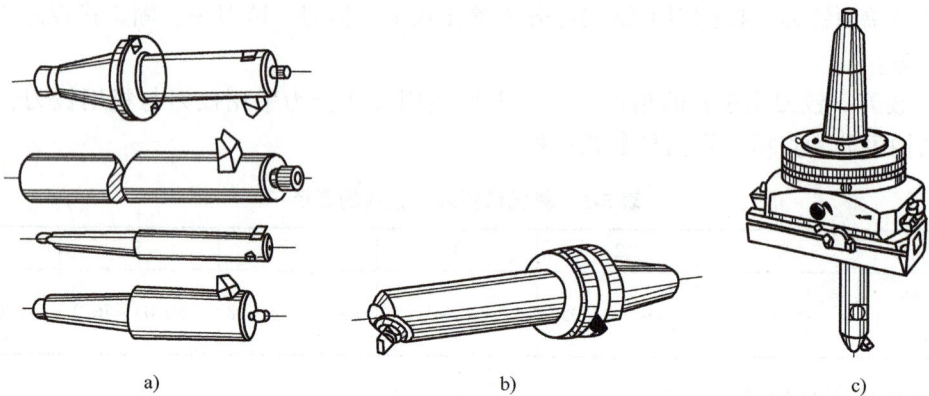

图 5-4　镗刀杆与可调节镗头

a）简易镗刀杆　b）微调式镗刀杆　c）可调节镗头

表 5-2　镗刀几何角度参数选取参考值

工件材料	前角	后角	刃倾角	主偏角	副偏角	刀尖圆弧半径
铸铁	5°～10°	6°～12°粗镗与孔径大时取小值，精镗和孔径小时取大值	一般情况下取 0°～5°；通孔精镗时取 5°～15°	镗通孔时取 60°～75°；镗台阶孔时取 90°	一般取 15°左右	粗镗孔时取 0.5～1mm；精镗孔时取 0.3mm 左右
40Cr	10°
45	10°～15°
1Cr18Ni9Ti	15°～20°
铝合金	25°～30°

（5）铰刀的选用　在铣床上铰孔选用机用铰刀。在选用时，须根据孔的加工精度等级选用 H7、H8 和 H9 级标准铰刀；必要时须对铰刀直径进行研磨，以达到铰孔精度要求。

二、在铣床上钻、镗、铰孔的方法

1. 钻孔

（1）钻头的安装

1）直柄钻头与直柄立铣刀可直接安装在铣夹头弹性套内。使用钻夹头安装直柄钻头，便于钻、扩、铰连续加工时换刀。

2）锥柄钻头可直接或用变径套连接安装在铣床专用的带有腰形槽锥孔的刀轴内。

（2）钻头刃磨　钻头刃磨时只修磨两个后刀面，形成主切削刃，但同时要保证后角、两主偏角 $2\kappa_r$ 与横刃斜角，修磨方法如图 5-5 所示。刃磨后的麻花钻应达到如下要求：

1）后角符合不同材料的切削要求。

2）两主偏角 $2\kappa_r$ 为 118°（$\kappa_r = 59°$）。

3）横刃斜角为 55°。

4）主切削刃对称且长度一致。

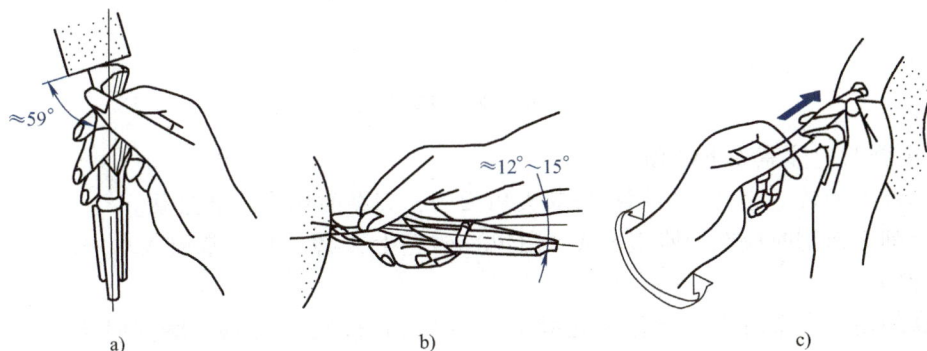

图 5-5　麻花钻的刃磨

a）偏角刃磨定位　b）后角刃磨定位　c）刃磨动作示意

（3）钻孔方法　在铣床上钻孔一般是单件或小批量加工，钻削速度选择可参照键槽铣刀。一般都用手动进给，机动进给时进给量在 $0.1 \sim 0.3\,\mathrm{mm/r}$ 范围内选择。钻孔具体步骤如下：

1）按图样要求在工件表面划线，当孔分布在圆周上时，可利用分度头等进行划线。

2）在孔的中心打一个较深的样冲眼。

3）安装中心钻。

4）把工件安装在工作台或转台上，横向和纵向调整工作台位置，使铣床主轴中心与孔中心对准并锁紧工作台。

5）用中心钻钻定位锥坑，主轴转速为 $600 \sim 900\,\mathrm{r/min}$。

6）用钻头钻孔。

2. 镗孔

（1）镗刀刃磨　镗刀切削部分的几何形状基本上与外圆车刀相似，刃磨时需磨出前刀

面、主后面、副后面，其主要几何参数见表5-2。镗刀的刃磨方法如图5-6所示。

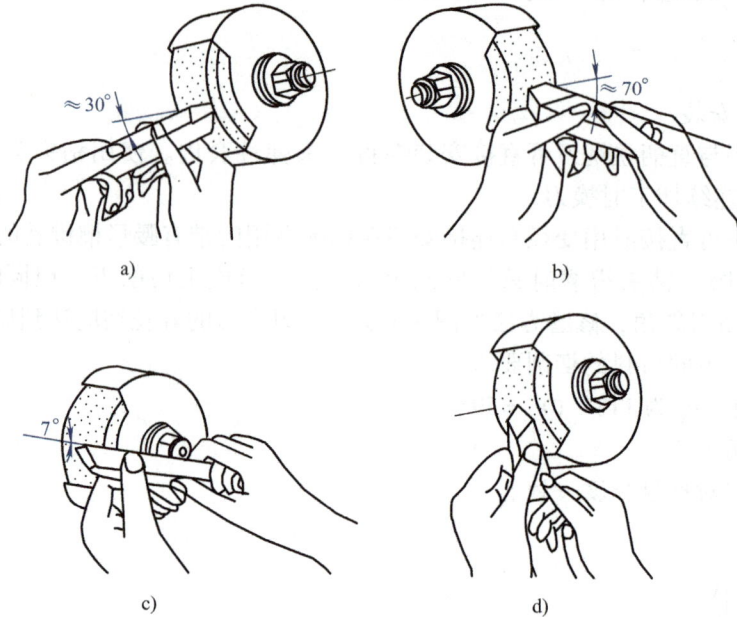

图5-6　镗刀刃磨方法

镗刀刃磨时应注意如下事项：

1）如镗刀柄较短小时，可用接杆装夹后刃磨，刃磨时用力不能过猛。

2）磨削高速钢时应在白刚玉WA（白色）砂轮上刃磨，并经常放入水中冷却，以防镗刀切削刃退火。

3）磨削硬质合金时应在绿色碳化硅GC（绿色）砂轮上刃磨，磨削时不可用水冷却，否则刀头会产生裂纹。

4）各刀面应刃磨准确、平直，不允许有崩刃、退火现象。

5）镗削钢件时，应刃磨出断屑槽。

（2）镗刀安装与调整　镗刀安装在镗杆上的刀孔内，镗杆可直接用拉紧螺杆安装在铣床主轴上，或通过锥柄安装在预先固定在铣床主轴上的变径套内。镗刀安装位置调整直接影响到镗孔的尺寸，一般用以下两种方法：

1）测量法调整（图5-7）。先留有充分余量预镗一个孔，通过测量孔的直径和镗刀尖与刀杆外圆的尺寸，并以此为依据，调整镗刀尖至刀杆外圆的尺寸，逐步达到孔径的图样要求。

2）试镗法调整（图5-8）。镗杆落入预钻孔中适当位置，调整镗刀使刀尖恰好擦到预钻孔壁，并以此为依据，通过百分表或上述方法，调整镗刀尖的位置，逐步达到孔径图样要求。

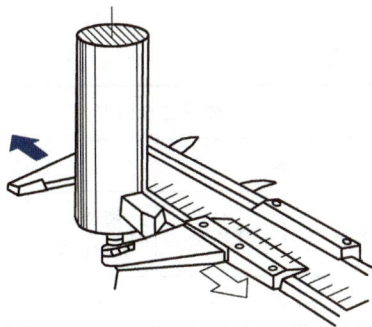

图 5-7　用测量法调整镗刀

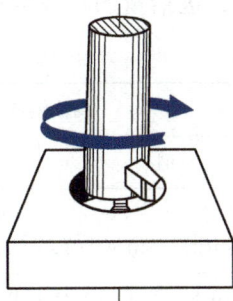

图 5-8　用试镗法调整镗刀

（3）镗孔的一般步骤

1）找正立铣头轴线对工作台面的垂直度。

2）装夹工件，使基准面与工作台面或进给方向平行（垂直）。

3）找正加工位置，按划线、预制孔或碰刀法对刀找正工件与镗杆的位置。

4）粗镗孔，注意留有孔径精加工余量及孔距调整余量。

5）退刀。操作时注意在主轴停转后使镗刀尖对准操作者。

6）预检孔距与孔径，确定孔径、孔距调整的数值与孔距调整的方向。

7）调整孔距，根据实际测量的尺寸与所要求尺寸的差值，横向、纵向调整工作台，试镗后再作检测，直至孔距达到图样要求。

8）控制孔径尺寸，借助游标卡尺、百分表调整镗刀刀尖的伸出量，逐步达到图样孔径尺寸。

9）精镗孔，注意同时控制孔的尺寸精度与形状精度。

3. 铰孔

铰孔是利用铰刀对已经粗加工的孔进行精加工，铰孔精度可达到 IT7~IT9，表面粗糙度可达 $R_a1.6~R_a3.2\mu m$。在铣床上铰孔的步骤如下：

（1）选择铰刀　根据图样要求选择适合的机用铰刀，并用千分尺检测铰刀直径是否符合尺寸要求。

（2）安装铰刀　直柄铰刀安装在钻夹头内；锥柄铰刀用变径套连接安装在主轴孔内，安装方法与锥柄钻头相同。采用固定连接的铰刀时，需防止铰刀的径向跳动，以免孔径超差。

（3）确定铰孔余量　铰孔前一般经过钻孔，精度要求较高的孔还需要扩孔或镗孔。铰孔余量的多少直接影响铰孔质量。余量过少，铰孔后可能会残留粗加工的痕迹；余量过多，会使切屑挤塞在屑槽中，切削液不能进入切削区，从而严重影响孔的表面精度，并使铰刀负荷过重而迅速磨损，甚至切削刃崩裂，造成废品。铰孔余量见表5-3。

表 5-3　铰孔余量　　　　　　　　　　　　　　　（单位：mm）

铰刀直径	<5	5~20	20~32	32~50	50~70
铰削余量	0.1~0.2	0.2~0.3	0.3	0.5	0.8

（4）调整主轴转速及进给量　铰孔的切削速度与进给量应根据铰刀切削部分的材料与

工件材料确定，进给量的具体数值可参照表5-4。

表5-4 铰削进给量参考值 （单位：mm）

铰刀直径 /mm	高速钢铰刀				硬质合金铰刀			
	钢		铸铁		钢		铸铁	
	σ_b =0.883GPa	σ_b >0.883GPa	硬度< 170HBW	硬度> 170HBW	未淬火钢	淬火钢	硬度< 170HBW	硬度> 170HBW
≤5	0.2~0.5	0.15~0.35	0.6~1.2	0.4~0.8	—	—	—	—
>5~10	0.4~0.9	0.35~0.7	1.0~2.0	0.65~1.3	0.35~0.5	0.25~0.35	0.9~1.4	0.7~1.1
>10~20	0.65~1.4	0.55~1.2	1.5~3.0	1.0~2.0	0.4~0.6	0.3~0.4	1.0~1.5	0.8~1.2
>20~30	0.8~1.8	0.65~1.5	2.0~4.0	1.3~2.6	0.5~0.7	0.35~0.45	1.2~1.8	0.9~1.4
>30~40	0.95~2.1	0.8~1.8	2.5~5.0	1.6~3.2	0.6~0.8	0.4~0.5	1.3~2.0	1.0~1.5
>40~60	1.3~2.8	1.0~2.3	3.2~6.4	2.1~4.2	0.7~0.9	—	1.6~2.4	1.25~1.8
>60~80	1.5~3.2	1.2~2.6	3.75~7.5	2.6~5.0	0.9~1.2	—	2.0~3.0	1.5~2.2

注：1. 表内进给量用于加工通孔，加工不通孔时进给量应取为0.2~0.5mm/r。

2. 大进给量用于在钻孔或扩孔之后，精铰孔之前的粗铰孔。

3. 中等进给量用于①粗铰之后精铰H7级精度的孔；②精镗之后精铰H7级精度的孔；③对硬质合金铰刀，用于精铰（H8~H9）精度的孔。

4. 最小进给量用于①抛光或研磨之前的精铰孔；②用一把铰刀铰（H8~H9）级精度的孔；③对硬质合金铰刀，用于精铰H7级精度的孔。

（5）装夹工件与调整铰孔位置 工件装夹与钻孔时相同；调整铰孔位置通常应按预制孔进行调整。

（6）铰孔 铰孔时应加注适当的切削液；铰孔深度以铰刀引导部分超过加工终止线为准；精度较高的孔应钻、扩、铰依次完成；加工完毕退刀时铰刀不能停转，更不能反转。

三、孔加工的检验

1. 内孔检测常用量具

内孔的测量项目主要包括孔径的测量、形状精度的测量和位置精度的测量等。孔径的测量可采用游标卡尺、内卡钳、塞规、内测千分尺、内径千分尺、三爪内径千分尺和内径千分表等来测量。

测量孔径的量具都可以用来测量工件的形状精度，例如，生产中常用内径千分表来测量形状精度。位置精度常用百分表或千分表测量。

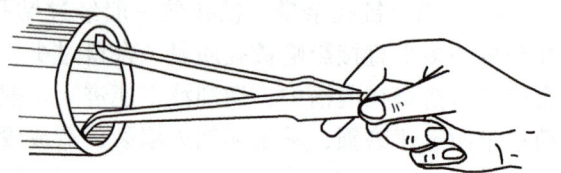

图5-9 用内卡钳测量孔径

（1）内卡钳 在孔口试铣削或位置狭小时，使用内卡钳显得灵活方便，如图5-9所示。内卡钳与千分尺配合使用也能测量出精度较高（IT7~IT8）的孔径。

（2）塞规 塞规如图 5-10 所示，塞规通端的基本尺寸等于孔的最小极限尺寸 L_{min}，止端的基本尺寸等于孔径的最大极限尺寸 L_{max}。用塞规检验孔径时，若通端进入工件的孔内，而止端不能进入工件的孔内，说明孔径合格。测量不通孔时，为了排除孔内的空气，常在塞规的外圆上开有通气槽或在轴心处轴向钻出通气孔。

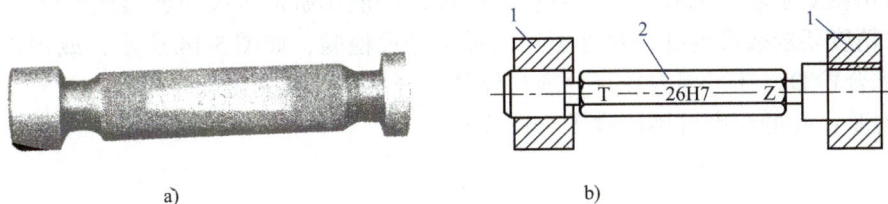

图 5-10 用塞规检验孔径

a）塞规的形状 b）检验孔径

1—工件 2—塞规

（3）内测千分尺 内测千分尺的测量范围有 5～30mm 和 25～50mm 等，内测千分尺的分度值为 0.01mm。

测量精度较高、深度较小的孔径时，可采用内测千分尺，如图 5-11 所示。这种千分尺刻线方向与千分尺相反。当微分筒顺时针旋转时，活动量爪向右移动，测量值增大，固定量爪和活动量爪即可测量出工件的孔径尺寸。

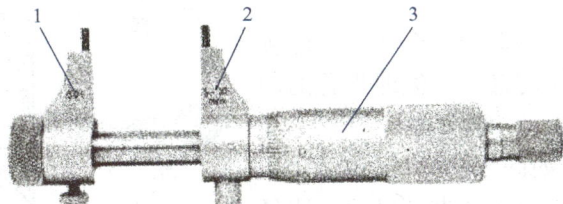

图 5-11 内测千分尺

1—固定量爪 2—活动量爪 3—微分筒

（4）内径千分尺 内径千分尺的测量范围有 50～250mm、50～600mm、150～1400mm 等，其分度值为 0.01mm。测量大于 $\phi 50mm$ 的精度较高、深度较大的孔径时，可采用内径千分尺。此时，内径千分尺应在孔内摆动，在直径方向应找出最大读数，轴向应找出最小读数，如图 5-12 所示。这两个重合读数就是孔的实际尺寸。

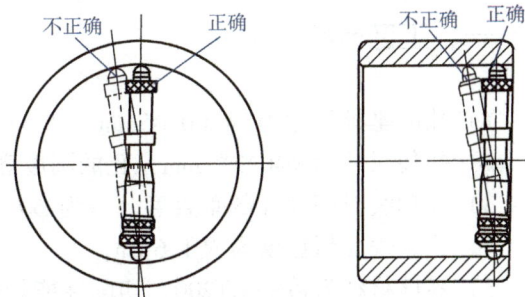

图 5-12 内径千分尺的使用

（5）三爪内径千分尺 三爪内径千分尺的测量范围有 6～8mm、8～10mm、10～12mm、12～14mm、14～17mm、17～20mm、20～25mm，…，90～100mm 等，其分度值为 0.01mm 或 0.005mm。

测量 $\phi6 \sim \phi100mm$ 的精度较高、深度较大的孔径时，可采用三爪内径千分尺，如图5-13所示。它的三个测量爪在很小幅度的摆动下，能自动地位于孔的直径位置，此时的读数即为孔的实际尺寸。

2. 孔的尺寸精度检验

1）对精度要求较低的孔径尺寸及孔的深度，一般用游标卡尺和金属直尺检验。

2）对精度要求较高的孔径尺寸可用内径千分尺检验，如图5-14所示，或用内卡钳与外径千分尺配合检验，还可用内径百分表与外径千分尺或标准套规配合检验，此外，也可以直接用塞规检验；孔的深度可用深度千分尺检验。

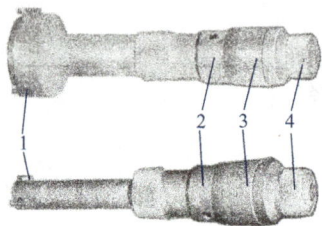

图 5-13　三爪内径千分尺

1—测量爪　2—固定套筒　3—微分筒　4—测力装置

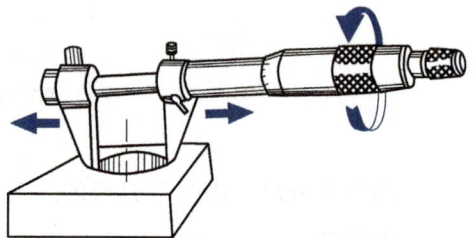

图 5-14　用内径千分尺测量孔径

3. 孔的形状精度检验

（1）圆度检验　在孔圆周的各个径向位置测量直径尺寸，测量所得的最大差值即为孔的圆度误差。

（2）圆柱度检验　如图 5-15 所示，在孔沿轴线方向不同位置的圆周上测量直径尺寸，测量所得直径尺寸的最大差值即为孔的圆柱度误差。

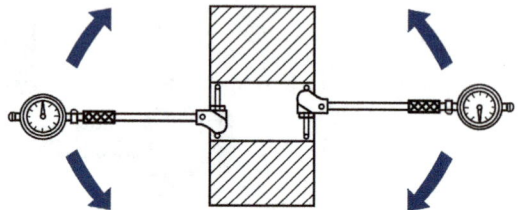

图 5-15　孔的圆柱度检验

技能训练

一、工艺分析

1）孔的坐标尺寸为 $74 \pm 0.05mm$，$35 \pm 0.05mm$。

2）孔径尺寸为 $\phi40_{0}^{+0.021}mm$，孔的圆度和圆柱度公差应包容在孔径公差内。

3）孔轴线对底面 A 的垂直度公差为 $\phi0.03mm$。

4）孔壁表面粗糙度为 $R_a1.6\mu m$。

5）零件材料为铸铁 HT200，切削性能较好。

6）该零件除三孔以外，其他加工面已加工完毕。

二、加工步骤

1）预制工序检验。

2）工件表面划线。根据图样，在划线平板或工作台面上，用游标高度尺安装划针，在工件表面划出孔中心线，用圆规划出孔加工圆周参照线，并用样冲在孔中心与孔轮廓线打样冲眼。

3）找正铣床主轴轴线位置。为保证孔与基准面的垂直度和形状精度，须按图5-16所示的方法找正立式铣床主轴轴线与工作台面的垂直度。找正时，将百分表及接杆固定在铣床主轴轴端上，使百分表接触工作台面一侧较平整的部位。然后，用手扳动主轴，使百分表接触工作台面的另一侧（约回转180°）。如果两侧接触的百分表示值有偏差，则应略松开立铣头的紧固螺母，按偏差值的1/2调整主轴位置，再次校验两侧的百分表示值，直至示值相同。值得注意的是，锁紧立铣头后，应再复核一次。

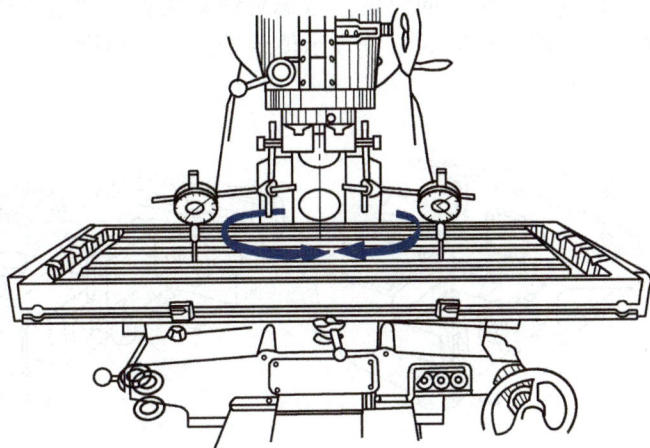

图5-16 找正铣床主轴与工作台面的位置

4）装夹工件。用等高平行垫块将工件垫放工作台面上，并用压板夹紧。工件装夹后，应复核顶面与工作台面的平行度。

5）钻孔。

① 安装变径套、钻夹头及中心钻。利用中心钻的外圆，采用侧面碰刀法找正钻孔加工位置。在移动工作台时要记住工作台间隙方向，在刻度盘上作好标记，并锁紧工作台横向和纵向。

② 用中心钻钻定位锥坑，主轴转速 n 为750r/min。操作时，垂向进给应连续缓慢，防止中心钻头部折断。

③ 刃磨麻花钻时，根据工件材料HT200选后角为10°、偏角为59°、横刃斜角为55°。

④ 钻孔、扩孔ϕ35mm。钻孔开始时，可检查钻头刃磨质量，若发现单刃切削，则必须拆下钻头重新修磨后再予使用。

⑤安装镗刀杆。在铣床主轴上安装铣夹头，选用ϕ18mm弹性套安装直柄镗刀杆。

⑥刃磨镗刀。选用绿色碳化硅砂轮刃磨镗刀，前角为10°、主副后角为15°、主偏角为

60°、副偏角为 30°、刃倾角为 0°（粗镗时 10°），精镗时刀尖圆弧为 0.5mm，粗镗时刀尖圆弧可略小一些。

⑦安装调整镗刀。采用试镗调整法，在按预钻孔对刀的基础上，使刀尖外伸 0.5mm 左右，在孔口试镗 5mm 左右深度，用游标卡尺或内径千分尺测量孔径以确定镗刀当前加工位置。

⑧预检孔径、孔距。用游标卡尺试镗，并实测孔径，预检单孔位置尺寸。若有偏差，则应利用工作台刻度盘调整孔加工位置。调整时应注意消除工作台传动机构间隙。

⑨粗镗孔。按 $\phi 39$mm 尺寸粗镗孔。主轴转速 n 为 235r/min，进给速度 $v_f = 37.5$mm/min。

⑩复核孔的位置。用内径千分尺测量孔径，以孔的实际尺寸折算后测量孔距，复核孔的位置精度。

⑪微量调整孔距。利用百分表控制调整量时，将百分表固定在工作台横向导轨上，在工作台外侧安装测量装置，如图 5-17a 所示，使百分表测头接触测量面，然后松开横向锁紧螺钉，根据百分表示值微量调整孔距横向位置。考虑到锁紧装置会微量带动工作台，因此，工作台的调整量应以横向松开前与锁紧后百分表示值差为准。纵向微量调整的操作方法与横向调整类似，如图 5-17b 所示。

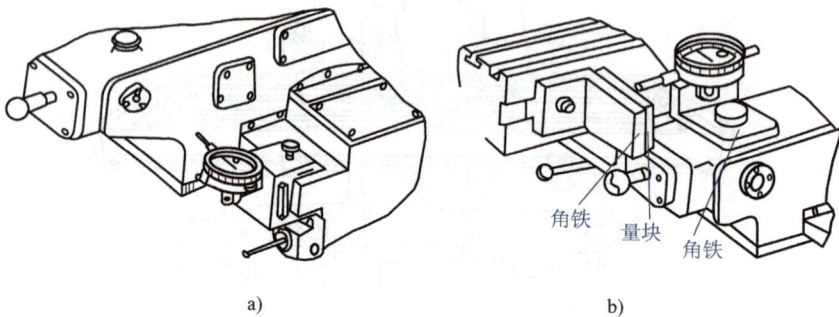

a)   b)

图 5-17 用百分表控制微量调整孔距
a）横向微量调整法 b）纵向微量调整法

⑫控制孔径尺寸。粗镗后，可根据余量，通过半精镗、精镗，达到孔的加工精度。初学者一般借助百分表调整镗刀刀尖伸出距离。具体操作方法如图 5-18 所示，将百分表测头装夹在磁性表座上，利用立铣头伸缩或工作台升降，调整百分表测头与刀尖的接触位置，并用手扳动使刀尖反向转动，找到刀尖与测头接触的最高点。然后松开镗刀锁紧螺钉，以百分表示值为准，调整镗刀位置，伸出量为实际（当前）孔径与图样（目标）孔径差值的 1/2 。

⑬精镗孔。调整好孔的位置后，一般留 0.3～0.4mm 的精镗余量。精镗时的主轴转速调整为 300r/min，进给速度调整为 30mm/min。

⑭退刀。镗孔退刀时应使主轴停转，并把刀尖对准操作者，然后下降工作台，使镗刀退离工件。因工作台

图 5-18 用百分表控制镗刀伸出尺寸

在下降时朝操作者方向略有些倾斜，所以可避免刀尖划伤孔加工表面。

三、单孔加工检验

（1）检验项目　按图样要求，单孔加工的检验项目包括孔径、孔距（孔坐标位置）、孔轴线对基准面 A 的垂直度及孔加工表面粗糙度等。

（2）测量检验

1）孔径尺寸检验。用内径百分表检验时，应预先与外径千分尺比照，调整测杆的位置和百分表的指针位置，然后使测杆进入孔内。测量时，应注意沿轴向和径向摆动，寻找直径测量点。同时，应注意沿轴向多选几个圆周，一个圆周多测几个直径尺寸。操作方法如图5-19所示。

2）孔距（坐标尺寸）检验。采用安装钢珠的外径千分尺检验孔的坐标尺寸，如图5-20所示。检验时注意选用精度较高的钢珠，同时应对孔的两端进行测量，并按孔径的实际尺寸计算测量尺寸。操作时，测量力不能过大，避免因钢珠压入孔壁等因素影响测量精度。

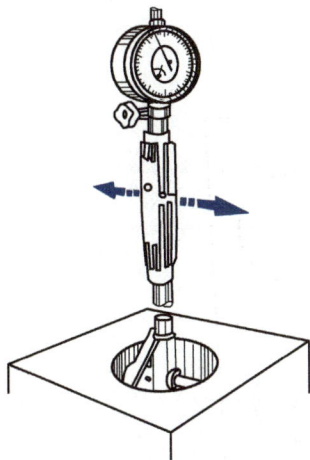

图5-19　用内径百分表检验孔径尺寸　　　　图5-20　用带钢珠的外径千分尺检验孔距

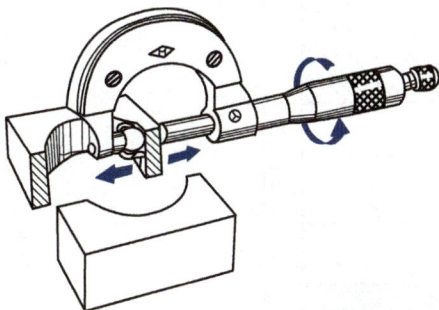

3）垂直度检验。把工件装夹在六面角铁上，直接用杠杆百分表测头测量孔两端孔壁最低点示值偏差，将六面角铁转过90°，再测量孔两端最低点的示值偏差，即可得到两个方位的垂直度误差值。

4）表面粗糙度检验。用 $R_a1.6\mu m$ 的镗削标准样规比照检验。

四、质量分析

（1）工作台调整不准确引起孔距偏差的分析　采用刻度盘与百分表控制调整精度时，产生误差的原因包括：①利用刻度盘调整时，刻度盘松动，机床工作台传动机构精度差，调整时未消除传动机构间隙等；②利用百分表调整时，百分表复位精度差，测头接触量值过

91

大，磁性表座在测量过程中发生位移，忽视了工作台锁紧机构带动工作台微量移动的因素等。

（2）镗刀调整不准确引起孔径偏差的分析　使用百分表控制的"敲刀法"时，产生误差的原因有：①百分表在敲刀过程中因连接杆松动、表座磁性不足等因素发生位移；②百分表测头球面较难对准镗刀刀尖的回转最高点；③调整时刀尖有微小的损坏。

任务二　铣光杠孔

零件图

顺序号	训练内容	训练件名称	材料	材料来源	转下次训练	件数	工时/h
训练 5—2	铣光杠孔	铣车床挂架	HT200	训练 5—1		1	5

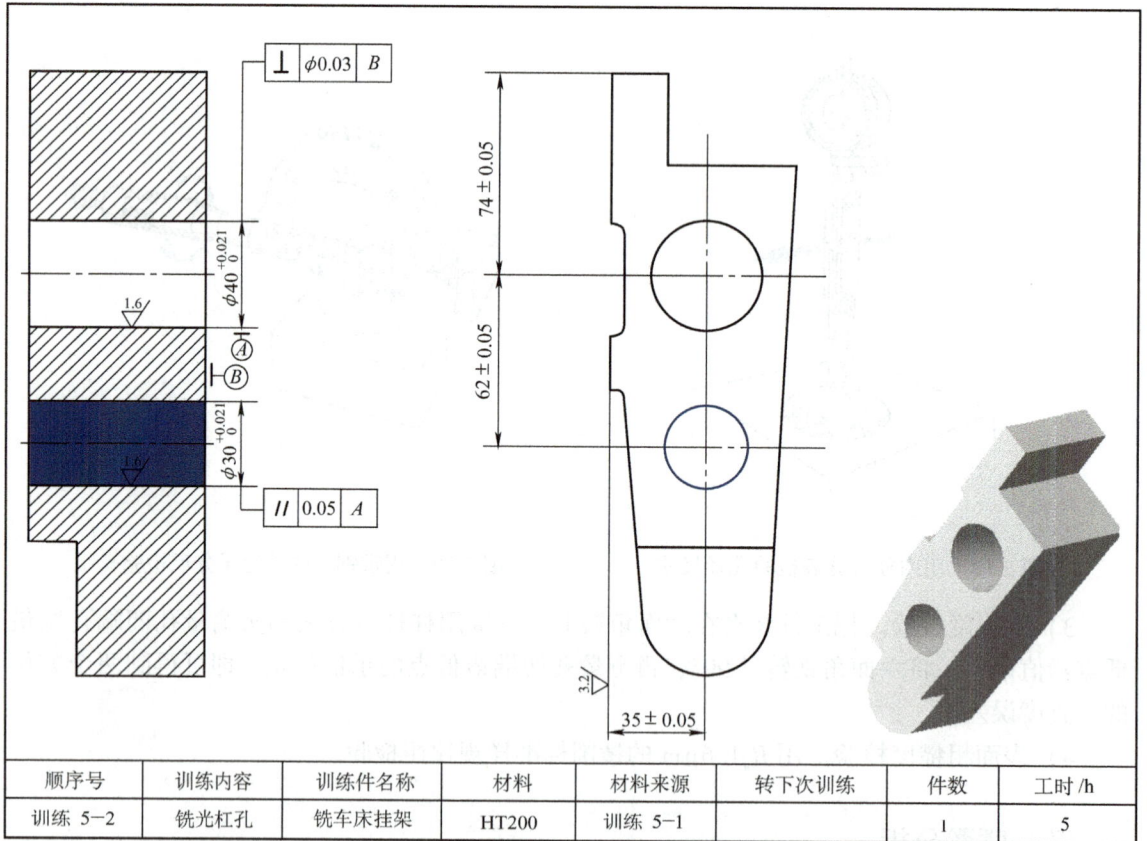

图 5-21　铣光杠孔

学习目标

本任务主要是学习和训练平行孔的铣削方法。通过该任务的学习，掌握平行孔距控制方法和平行孔形位精度的控制，并能分析镗孔中出现的质量问题。

相关知识

常用的平行孔孔距控制方法

1. 利用划线控制孔距

1) 先在工件表面划线，然后在孔加工位置划出孔中心线和孔加工参照圆，并在中心和参照圆上打样冲眼。

2) 在镗杆上粘大头针，调整工作台与大头针位置，使大头针的回转轨迹与工件上孔加工划线位置重合。

3) 预制孔，预检孔距。

4) 根据差值调整工作台，直至达到图样孔距要求。

2. 利用工作台刻度盘控制孔距

1) 用碰刀对刀法或划线对刀法初步调整孔的加工位置，注意工作台移动的间隙方向。

2) 预制孔，预检孔距。

3) 利用刻度盘移动工作台，根据差值调整孔距，直至达到图样孔距要求。

3. 利用百分表、量块控制孔距

1) 纵向控制。如图 5-22 所示，利用量块纵向控制孔距时，需在纵向工作台面上装夹一块平行垫块。预先找正垫块侧面与工作台横向平行，将等于孔距的量块组测量面紧贴垫块的侧面。然后移动工作台纵向，使百分表测头接触量块组另一面，百分表的指针调整至"0"位。最后拆去量块组，调整工作台纵向，使百分表测头与平行垫块的侧面接触至指针位置为"0"。此时，工作台纵向移动了一个等于量块组的孔距。

2) 横向控制。如图 5-23 所示，利用量块组横向控制孔距时，量块组放在经研磨的工作台底座的前端面，具体方法与纵向控制相同，但必须注意百分表座不能松动，以免造成位移差错。

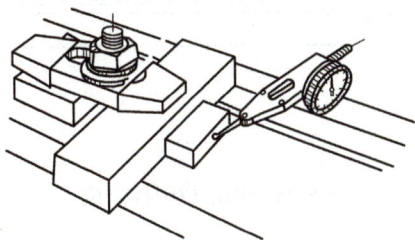

图 5-22　用量块纵向控制孔距

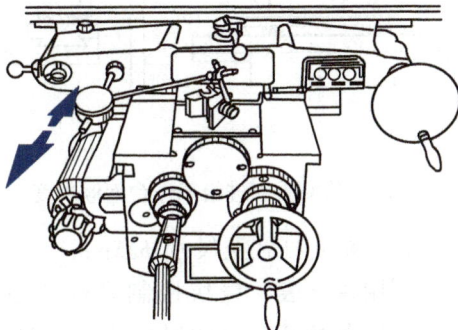

图 5-23　用量块横向控制孔距

技能训练

一、工艺分析

1）光杠孔孔径尺寸为 $\phi30_{0}^{+0.021}$mm，孔的圆度和圆柱度误差应包容在孔径公差内。

2）光杠孔的坐标尺寸为 62mm ± 0.05mm、35mm ± 0.05mm。

3）光杠孔轴线对丝杠孔 $\phi40_{0}^{+0.021}$mm 轴线的平行度公差为 0.05mm。

4）孔壁表面粗糙度为 $R_a1.6\mu$m。

二、加工步骤

1）检查与调整铣床。

① 调整立铣头与工作台面的垂直度，调整方法与镗单孔时相同。因孔轴线对基准面垂直度要求比较高，因此找正时应特别注意百分表测头的回转距离应尽可能大。若机床工作台面的粗糙度值较大，则可用等高平行垫块放置在工作台面测量位置上，使百分表测头与平行垫块表面接触，这样百分表指针跳动比较小，示值比较准确。

② 检测铣床垂直进给时工作台的倾斜偏差，测量方法如图 5-24 所示。

③ 检测垂向自动进给时是否有爬行等不正常现象。

2）找正和装夹工件。工件基准面用等高垫块垫高，垫块的高度为 20mm 左右，以便观察。纵向和横向安装定位圆柱，如图 5-25 所示，工件在装夹时形成侧面二点，端面一点，底面三点的完全定位。

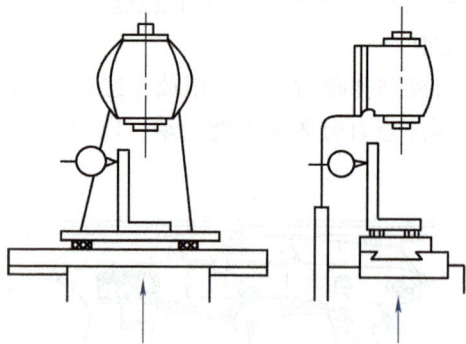

图 5-24　检测垂直进给工作台面倾斜度　　　　图 5-25　用定位圆柱定位

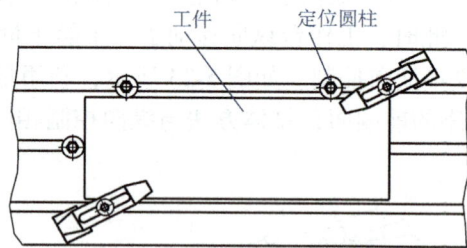

3）钻、扩光杠孔至尺寸 $\phi25$mm。

4）利用百分表、量块控制光杠孔 $\phi30_{0}^{+0.021}$mm 与丝杠孔 $\phi40_{0}^{+0.021}$mm 的孔距在 62 ± 0.05mm 以内及与基准 B 的尺寸控制在 35mm ± 0.05mm 以内。

5）粗镗孔，其方法和铣削用量与训练 5-1 相同。

6）复核孔的位置。用内径千分尺测量孔径，以孔的实际尺寸折算后测量孔距，复核孔

的位置精度。

7）微量调整孔距。

8）精镗孔，其方法和铣削用量与训练 5-1 相同。

9）检验。

① 孔径尺寸检验，其方法与训练 5-1 相同。

② 孔距（坐标尺寸）检验。分别在光杠 $\phi 30^{+0.021}_{0}$ mm 与丝杠 $\phi 40^{+0.021}_{0}$ mm 孔内塞入测量心轴，用千分尺测量两量棒之间的尺寸。

③ 平行度检验。方法如图 5-26 所示，测量时，将测量心轴分别塞入 $\phi 40^{+0.021}_{0}$ mm 与 $\phi 30^{+0.021}_{0}$ mm 孔中，用百分表在两轴上测量距离为 L_2 的 A、B 两个位置上测得读数分别为 M_1、M_2，则平行度误差为

$$f = \frac{L_1}{L_2} \mid M_1 - M_2 \mid$$

式中　f——平行度误差（mm）；

L_1——被测工件厚度（mm）；

L_2——百分表在心轴上的测量距离（mm）。

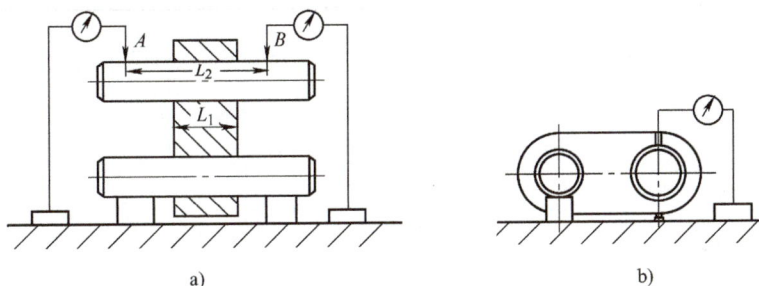

a) 　　　　　　　　　　　　　　b)

图 5-26　平行度误差的测量

然后，连同工件与测量心轴一起转过 $90°$，按上述测量方法再测算一次，取 f 值中最大者，即为平行度误差。

三、易产生的问题及注意事项

1）镗孔前应使铣床立铣头主轴轴线与工作台台面垂直，否则会镗成椭圆孔，或孔壁与工件基准面不垂直而造成斜孔。

2）试镗孔时，试刀痕迹不要过长，以免造成镗孔缺陷。

3）镗杆的长度不应过长，以满足镗孔长度为佳，否则易出现让刀现象，造成喇叭形。

4）镗平底孔时，采用 $90°$ 主偏角镗刀。一般可允许少量凹，但不能凸。

5）采用浮动镗刀时，要预测准确镗刀尺寸，并应试刀。浮动镗刀初入孔时，应尽量做到两刃切削余量均匀。进给时应采用大进给量，而切削速度应低。镗孔完毕应停车退刀。

6）孔距要求很精确时，应预镗孔测量，孔距在图样要求以内，方可镗孔至尺寸。

检测与评价

表 5-5　车床挂架检测与评价表

序号	检 测 内 容	配分	量具	检测结果	学生评分	教师评分
1	$\phi40^{+0.021}_{0}$ mm	10				
2	$\phi30^{+0.021}_{0}$ mm	10				
3	$\phi26^{+0.021}_{0}$ mm	10				
4	74±0.05mm，35±0.05mm	9				
5	62±0.05mm，35±0.05mm	10				
6	124±0.05mm，35±0.05mm	10				
7	垂直度公差为 ϕ0.03mm	10				
8	平行度公差为 0.05mm（两处）	8×2				
9	R_a1.6μm（三孔）	5×3				
10	安全文明生产	违纪一项扣 20 分				
	合计	100				

项目六 铣轴上键槽

本项目主要学习封闭键槽和半圆键槽的铣削。通过本项目的学习和训练，能够完成图6-1所示零件的铣削加工。

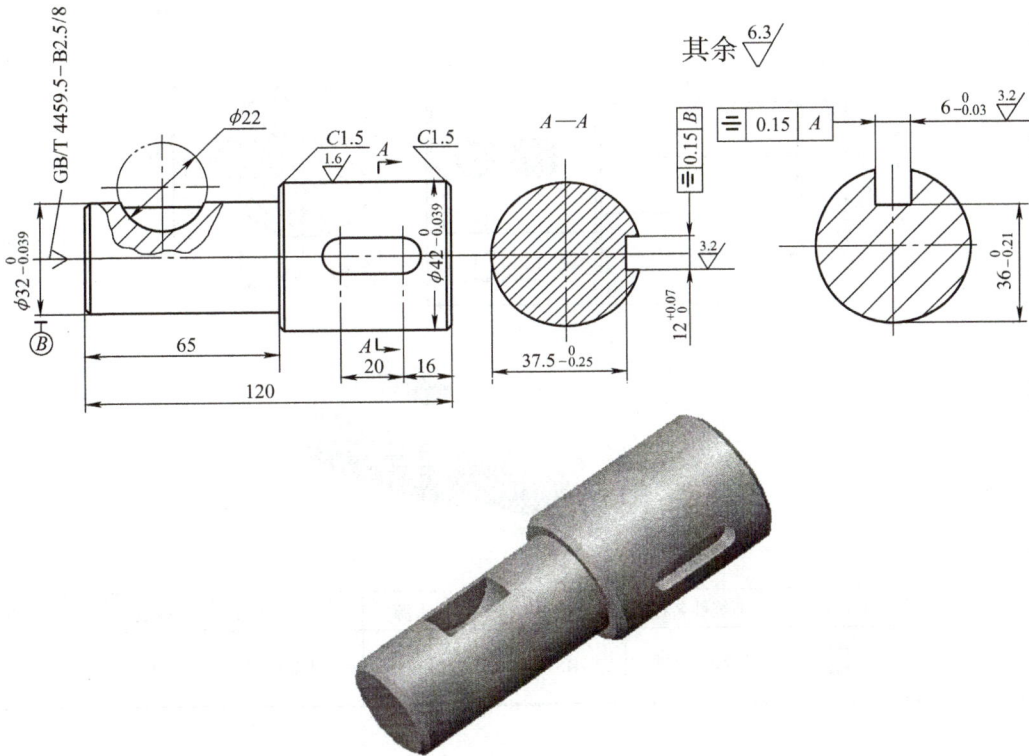

图6-1　铣轴上键槽

任务一　铣封闭键槽

零件图

顺序号	训练内容	训练件名称	材料	材料来源	转下次训练	件数	工时 /h
训练 6－1	铣封闭键槽	铣轴上键槽	45	车削件	训练 6－2	1	2.5

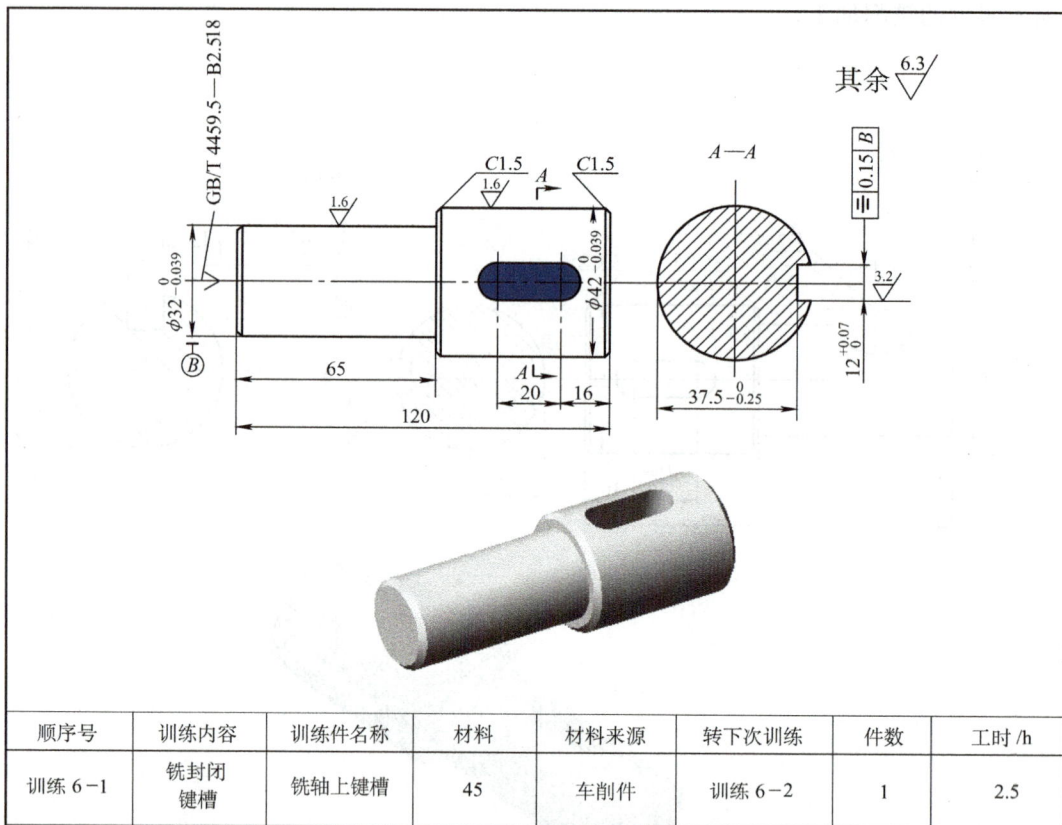

图 6-2　铣封闭键槽

学习目标

　　本任务是学习和训练在轴上铣封闭键槽。通过本任务的学习，要求掌握键槽铣刀的选择方法，掌握键槽铣刀的刃磨方法。

相关知识

一、轴上键槽

轴上键槽有通槽、半通槽、封闭槽等，如图 6-3 所示。

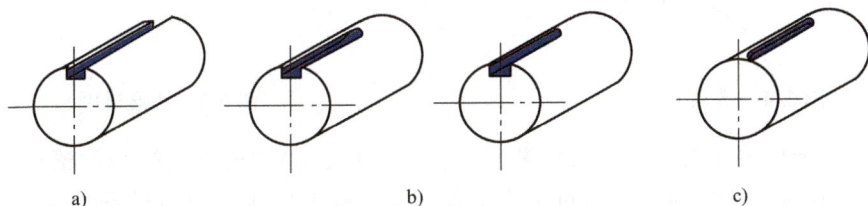

图 6-3　轴上键槽

a）通槽　b）半通槽　c）封闭槽

二、铣轴上键槽用铣刀及其选择

铣轴上的通槽或铣槽底一端为圆弧的半通槽时，一般用盘形槽铣刀。槽的宽度由铣刀的宽度来保证。因此，所选择的盘形槽铣刀的宽度应和沟槽的宽度一致。

铣半通槽时，铣刀的半径应与图样上规定的半通槽的槽底圆弧半径一致。

铣轴上的封闭槽或铣槽底一端为直角的半通槽时，一般用键槽铣刀。键槽的宽度由铣刀的直径来保证。因此，铣刀的直径应与键槽的宽度一致。

铣削精度要求较高的键槽时，选好铣刀后应经过试切检查，键槽的宽度尺寸符合图样规定要求，才可加工工件。

三、用键槽铣刀铣轴上键槽

用机用平口钳装夹工件，如图 6-4 所示。

（1）机用平口钳的安装和工件的找正　用机用平口钳装夹工件时，应找正固定钳口与铣床主轴轴线垂直。安装工件后，用划针找正工件上素线与工作台台面平行。保证铣出的键槽两侧面和键槽底面与工件的轴线平行。

（2）对中心的方法　铣削轴上键槽时，应使键槽铣刀的回转中心线通过工件轴线。常用对中心的方法有以下三种：

1）切痕对中心法。安装找正工件后，适当调整机床，使键槽铣刀大致对准工件的中心。然后，开动机床使铣刀旋转，让铣刀轻轻划着工件，并在工件上逐渐铣出一个宽度约等于铣刀直径的小平面，如图 6-5 所示。用肉眼观察，使铣刀的中心落在平面宽度中心上，再上升垂直进给，在平面两边铣出两个小台阶，横向调整工作台并且使两边台阶高度一致，则

铣刀中心通过了工件中心，如图6-6所示，最后将横向进给机构紧固。

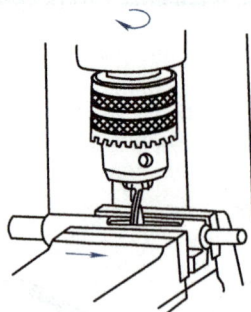

图6-4 铣轴上键槽

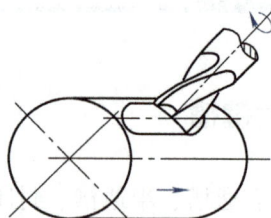

图6-5 切痕对中心

2）用游标卡尺测量对中心。安装并且找正工件后，用钻夹头夹持与键槽铣刀直径相同的圆棒。适当调整工件与圆棒的相对正确位置，用游标卡尺测量圆棒圆周面与两钳口间的距离，若 $a = a'$，则对好了中心，如图6-7所示。中心对好后，将横向工作台紧固，试铣，检查无误后，开始加工工件。

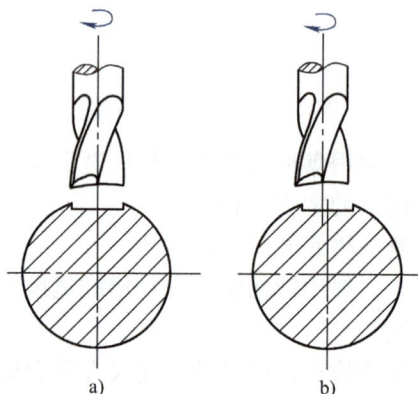

图6-6 判断中心是否对准

a）两边台阶一致 b）两边台阶不一致

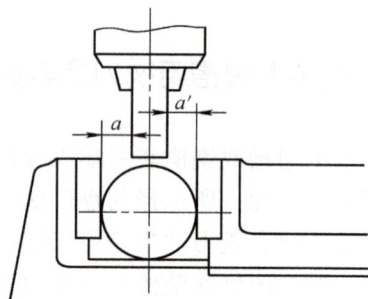

图6-7 测量对中心

3）用杠杆式百分表测量对中心。加工精度要求较高的轴上键槽时，可用杠杆式百分表测量对中心。对中心时，先把工件轻轻用力夹紧在两钳口间，把杠杆式百分表固定在立铣头主轴的下端，用手转动主轴，并且适当调整横向工作台，百分表的读数在钳口两内侧面一致，如图6-8所示。中心对准后，将横向进给机构紧固，再加工工件。

（3）铣键槽的方法

1）分层铣削法。铣刀安装后，先在废料上试铣，检查所铣键槽的宽度尺寸符合图样要求。若完全符合图样要求，则可对工件进行铣削。先在工件上划出键槽的长度尺寸位置线，再安装校正工件，并且对中心。

铣削时，根据铣刀直径的大小，每次背吃刀量分别选择在0.15～1mm之间，键槽的两端各留0.5mm的余量，手动进给由键槽的一端铣向另一端。然后，以较快的速度手动将工件退至原位，再进给，仍由原来一端铣向另一端。逐次铣到键槽要求的深度尺寸后，再同时

100

铣到要求的键槽长度，如图 6-9 所示。这种方法适用于加工长度较短，生产数量不多的键槽。

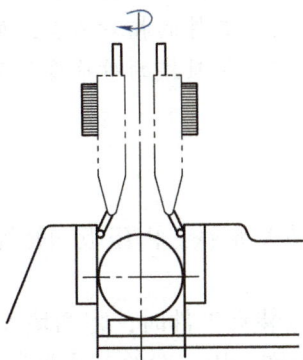

图 6-8　用杠杆式百分表测量对中心

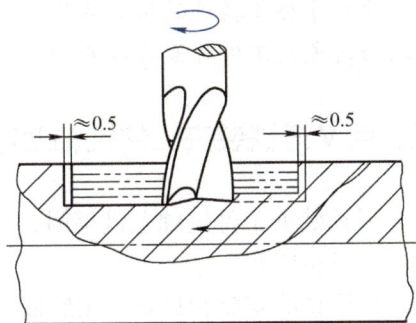

图 6-9　分层铣削

2）扩刀铣削法。将选择的键槽铣刀外径磨小 0.3～0.5mm（磨出的铣刀要保证其圆柱度要求）。在工件上划出键槽的长度尺寸位置线。安装校正工件后，对好中心，记住横向刻度盘的数值，将横向进给机构锁紧，在键槽的两端各留 0.5mm 余量，分层往复进给铣出槽的深度。深度铣好后，再测量槽的宽度尺寸，确定宽度余量的大小，由键槽的中心对称扩铣键槽两侧到尺寸，并同时铣够键槽的长度，如图 6-10 所示。铣削时注意保证键槽两端圆弧的圆度。

铣削完毕后，将横向工作台调至原来的中心位置，然后按以上方法铣削另一件。铣短的键槽时可用手动进给；铣长的键槽时可用机动进给。

3）粗精铣法。选择两把键槽铣刀，一把用于粗铣，另一把用于精铣。粗铣铣刀的直径要小于键槽宽度尺寸 0.3～1mm，精铣铣刀的尺寸要经过试切验证，符合所铣键槽宽度尺寸的要求。

铣削时，键槽的深度留 0.1～0.2mm 余量。先用粗铣铣刀粗铣，再换上精铣铣刀，铣够槽的宽度、深度和长度。

（4）工件外圆直径尺寸变化对键槽中心位置的影响　用机用平口钳装夹成批加工轴上键槽时，工件外径尺寸变化，会影响键槽的中心位置，如图 6-11 所示。

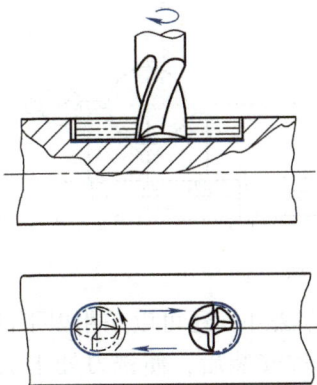

图 6-10　分层铣够深度再扩铣两侧

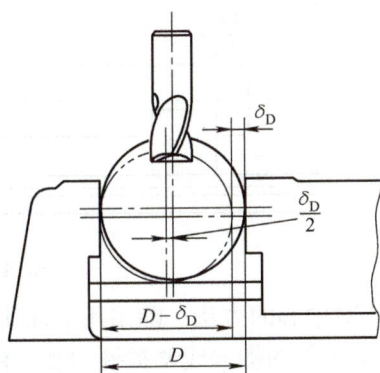

图 6-11　外径尺寸对键槽中心位置的影响

例：在一批 $\phi 50^{+0.5}_{+0.2}$ mm 的轴上铣 $12^{+0.033}_{0}$ mm 宽的键槽，用一件工件对好中心后，加工这一批工件时，因工件外圆直径的制造公差，当工件最大尺寸 $\phi 50.5$ mm 和最小尺寸 $\phi 50.2$ mm 时，键槽的中心位置偏移 0.15 mm。因此，成批加工轴上键槽时，应先测量工件的外径尺寸，按工件尺寸公差接近的状况分组，再适当按组调整刀具和工件的相对位置，加工出所有零件，从而避免因工件外圆直径的制造公差，使键槽两侧与工件轴线的对称度超差。

四、用V形铁装夹工件铣轴上键槽

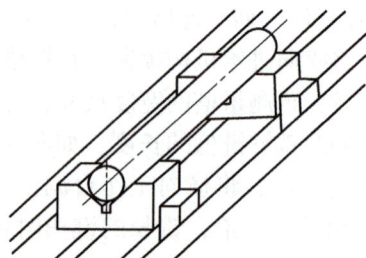

用 V 形铁装夹工件铣轴上键槽时，应选择两块等高的 V 形铁，由压板和螺栓配合将工件夹紧，如图 6-12 所示。

（1）V 形铁的安装和找正　用底面上带凸键的 V 形铁装夹工件时，将两块 V 形铁的凸键置入工作台中央 T 形槽内，靠 T 形槽侧面定位安装 V 形铁。用一般的 V 形铁装夹工件时，可在 T 形槽内安放定位块，使 V 形铁的侧面靠在定位块的侧定位面上安装 V 形铁，如图 6-13 所示。

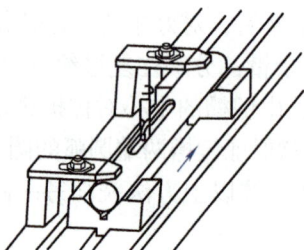

图 6-12　用 V 形铁装夹工件铣轴上键槽　　　　　图 6-13　用定位块定位安装 V 形铁

V 形铁安装后，选择标准的圆棒或经检测的直径公差符合要求的工件，放入两 V 形铁的 V 形面内，用百分表找正圆棒或工件的上素线与工作台台面平行；再找正圆棒或工件的侧素线与工作台纵向进给方向平行，如图 6-14 所示。这样可保证用 V 形铁定位安装的工件，铣出的键槽两侧或槽底与工件轴线平行。

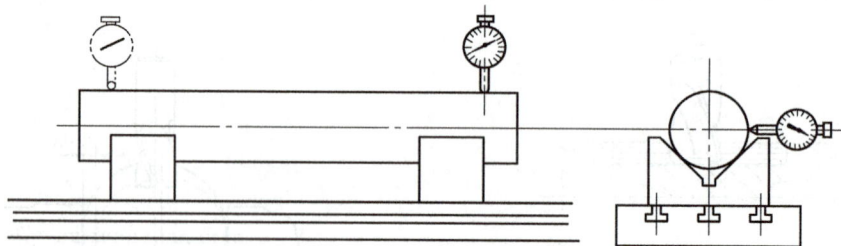

图 6-14　用百分表找正 V 形铁

（2）对中心的方法　除采用前面所讲的切痕对中心方法外，还可以采用以下两种方法：

1）按工件的侧素线调整铣刀和工件的中心位置。工件安装后，使铣刀处于工件的侧素线处，用手转动铣刀，让铣刀的圆周刃刚刚划着工件的侧素线。降落工作台，将横向工作台向着铣刀的方向移动一个铣刀半径和工件半径之和的距离 A，对好中心，如图 6-15 所示。然

后，将横向进给机构锁紧。移动横向进给时，应注意消除工作台丝杠和螺母间隙对移动尺寸的影响。

2）测量对中心。装夹工件后，在钻夹头内夹持铣刀或圆棒，用直角尺和游标卡尺测量工件侧母线至铣刀或圆棒圆周面间的距离，使工件两边相等（$A = A'$），即可对好中心，如图6-16所示。然后，将横向进给机构紧固。

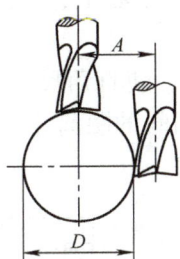

图 6-15　按侧母线调整中心　　　　　图 6-16　测量调整中心

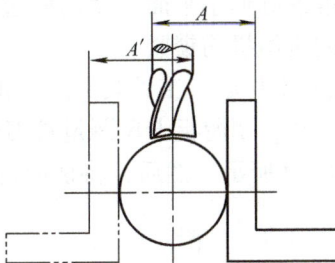

3）工件外圆直径尺寸变化对键槽中心位置的影响。用 V 形铁定位装夹工件时，可在卧式铣床上用盘形槽铣刀铣键槽，或在立式铣床上用键槽铣刀铣轴上键槽。若已经对好中心，则能保证键槽两侧和工件中心的对称度。工件外圆直径的制造公差，只影响键槽的深度，如图6-17a所示。

在卧式铣床上安装键槽铣刀加工键槽，或在立式铣床上安装短刀轴用盘形槽铣刀加工键槽时，工件外圆直径的制造公差不但影响键槽的深度，还会影响键槽两侧与工件中心的对称度，如图6-17b 所示。

由以上分析，用 V 形铁装夹加工轴上键槽时，一般应采用图6-17a 所示的加工方法。

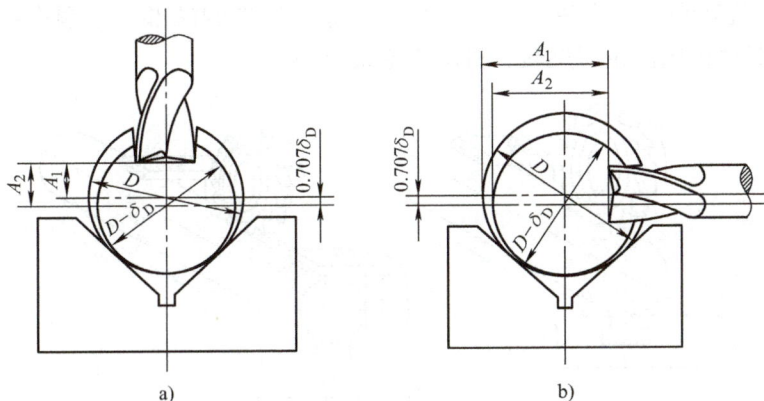

图 6-17　工件外径尺寸变化对键槽中心位置的影响
a）立铣铣削　b）端铣铣削

五、用盘形槽铣刀铣长轴上的键槽

（1）工件的装夹方法　在 $\phi20 \sim \phi60\text{mm}$ 的长轴上铣长键槽时，可将工件用工作台中央

103

T形槽的倒角定位，用压板夹紧在工作台台面上，用盘形槽铣刀加工。

（2）对中心的方法　为了使所铣键槽的两侧对称于工件中心，铣削时，应使盘形槽铣刀宽度的中心通过工件轴心。常用的对中心的方法有以下两种：

1）切痕对中心。工件装夹后，使铣刀宽度的中心大致处于工件的中心，起动机床，使铣刀旋转，在工件上素线处切出一个约等于键槽宽度的椭圆形小平面 B，用肉眼观察使铣刀两侧刃对准椭圆形小平面宽度的两边，则铣刀中心就落在工件中心上，如图 6-18 所示。然后，将横向进给机构锁紧。

2）测量对中心。工件装夹后，把直角尺放在工作台面上，使直角尺的尺苗分别靠向工件的两侧素线，用游标卡尺测量铣刀侧面与直角尺尺苗内侧面间的距离 $A = A'$，即可对好中心，如图 6-19 所示。然后，将横向进给机构锁紧。

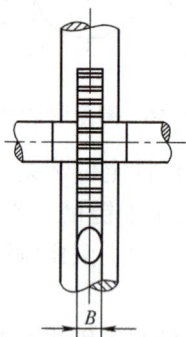

图 6-18　切痕对中心

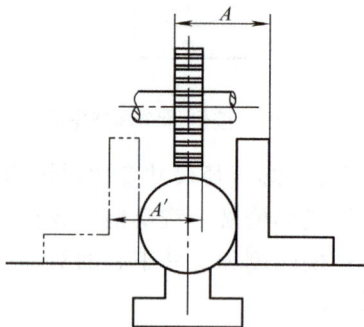

图 6-19　测量对中心

（3）铣削方法　用盘形槽铣刀铣长轴上的键槽或半通槽时，其深度一次铣成。铣削时，将压板压在距工件端部约 $60 \sim 100mm$ 处，由工件端部向里铣出一段槽，如图 6-20a 所示。然后，停止铣刀旋转和工作台进给，把压板移到靠近工件的端部，垫铜皮夹紧工件，如图 6-20b所示，再起动机床使铣刀旋转，机动进给铣出槽。

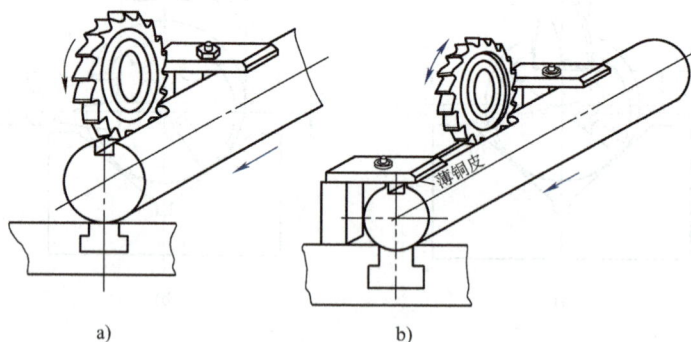

a)　　　　　　　　　　b)

图 6-20　用盘形槽铣刀铣长轴上的键槽

铣削中应注意压板的位置，铣刀不要碰损压板，较长的键槽可分数次移动压板及工件铣成。

六、轴上键槽的检测方法

（1）塞规检测键槽宽度　检测时，若塞规的通端能够塞入槽中，而止端不能塞入槽中即为合格品，如图 6-21 所示。

（2）游标卡尺、千分尺、深度尺检测键槽其他尺寸　键槽长度尺寸用游标卡尺检测；键槽深度尺寸可用游标卡尺、千分尺、深度尺检测，如图 6-22 所示。

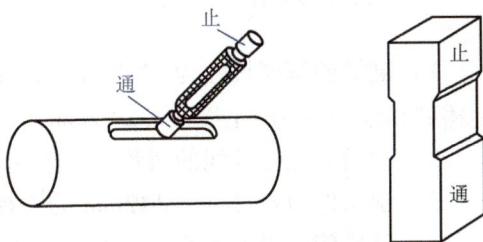

图 6-21　用塞规检测键槽宽度

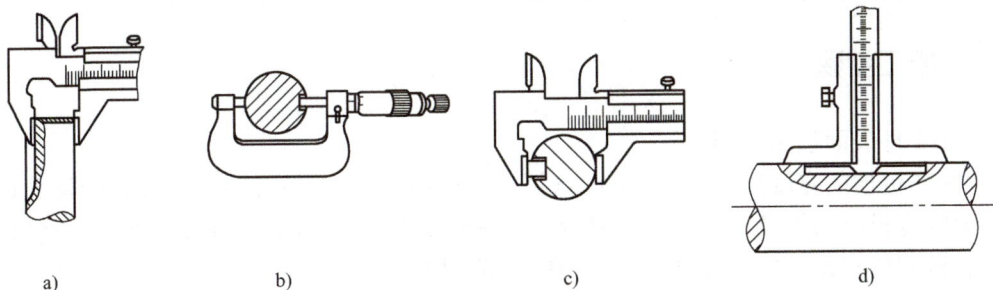

a)　　　　　b)　　　　　c)　　　　　d)

图 6-22　测量键槽深度

a）卡尺测槽深　b）千分尺测槽深　c）卡规配合卡尺测槽深　d）深度尺测槽深

（3）百分表检测键槽两侧与工件轴线的对称度　检测时，选择两块等高 V 形铁，将 V 形铁放在平板或工作台面上，将工件置入 V 形铁的 V 形面内。选择一块与键槽宽度尺寸相同的塞块塞入键槽内，并使塞块的平面大致处于水平位置。用百分表检测塞块的 A 面与工作台台面平行，记住表的读数，然后将工件转动 180°，使塞块的 B 面在上，用百分表检测塞块的 B 面与工作台台面平行，仍记住表的读数，两次读数差值的一半，就是键槽两侧与工件轴线的对称度误差，如图 6-23 所示。

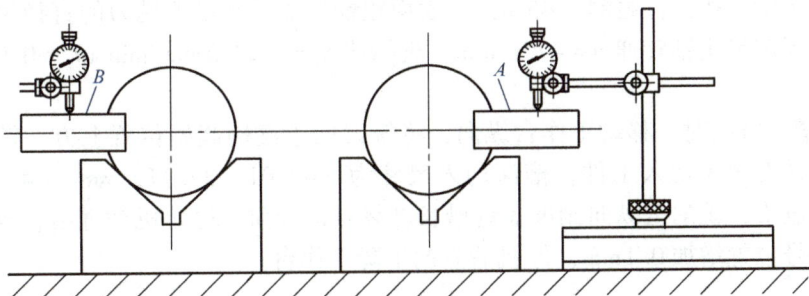

图 6-23　用百分表检测键槽两侧的对称度

技能训练

一、工艺分析

1）键槽的宽度尺寸为 $12^{+0.07}_{0}$mm，深度尺寸标注为槽底至工件外圆的尺寸 $37.5^{0}_{-0.25}$mm，键槽的长度为 $(20+12)$ mm $=32$mm。

2）键槽对工件轴线的对称度公差为 0.15mm。

3）预制件为 $\phi32$mm，$\phi42$mm 的阶梯轴，总长尺寸为 120mm。

4）键槽侧面表面粗糙度值为 $R_a3.2\mu$m，其余为 $R_a6.3\mu$m，铣削加工能达到要求。

5）预制件的材料为 45 钢，其切削性能较好。

二、加工步骤

1）在工件表面按图样划线。

2）根据键槽的宽度尺寸 $12^{+0.07}_{0}$mm 选择铣刀规格。现选用外径为 $\phi12$mm 的标准键槽铣刀。铣刀的直径应用外径千分尺进行测量。考虑到铣刀安装后的径向圆跳动误差对键槽宽度的影响，铣刀的直径应在 $\phi12.00 \sim \phi12.03$mm 范围内。

3）工件装夹方式最好采用轴用虎钳，若采用机用平口钳装夹，应使用 V 形钳口。本例选用轴用虎钳装夹工件，如图 6-24a 所示。

a)   b)

图 6-24 装夹轴类工件

选择铣削用量，按工件材料（45 钢）、表面粗糙度要求和键槽铣刀的直径尺寸选择和调整铣削用量，现调整主轴转速 $n=475$r/min；进给速度 $v_f=23.5$mm/min（$f_z\approx0.025$mm/z）。

4）对刀。

5）铣键槽。铣削时，移动工作台纵向，将铣刀处于键槽起始位置上方，锁紧纵向，垂向手动进给使铣刀缓缓切入工件，槽深切入尺寸为 $(42.01-37.37)$ mm $=4.64$mm。然后采用纵向机动进给，铣削至纵向刻度盘键槽长度终点记号前，停止机动进给，改用手动进给铣削至终点记号位置增加 0.1mm，停机后垂向下降工作台。

三、质量分析

1）键槽宽度尺寸超差的主要原因：①铣刀直径尺寸测量误差；②铣刀安装后径向跳动

过大；③铣刀端部周刃刃磨质量差或早期磨损等。

2）键槽对称度超差的原因：①目测切痕对刀误差过大；②铣削时因进给量较大产生让刀；③铣削时工作台横向未锁紧等。

3）键槽端部出现较大圆弧的原因：①铣刀转速过低；②垂向手动进给速度过快；③铣刀端齿中心部位刃磨质量不好，使端面齿切削受阻等。

4）键槽深度超差的原因：①铣刀夹持不牢固，铣削时被拉下；②垂向调整尺寸计算或操作失误。

任务二　铣半圆键槽

零件图

顺序号	训练内容	训练件名称	材料	材料来源	转下次训练	件数	工时/h
训练6-2	铣半圆键槽	铣轴上键槽	45	训练6-1		1	2.5

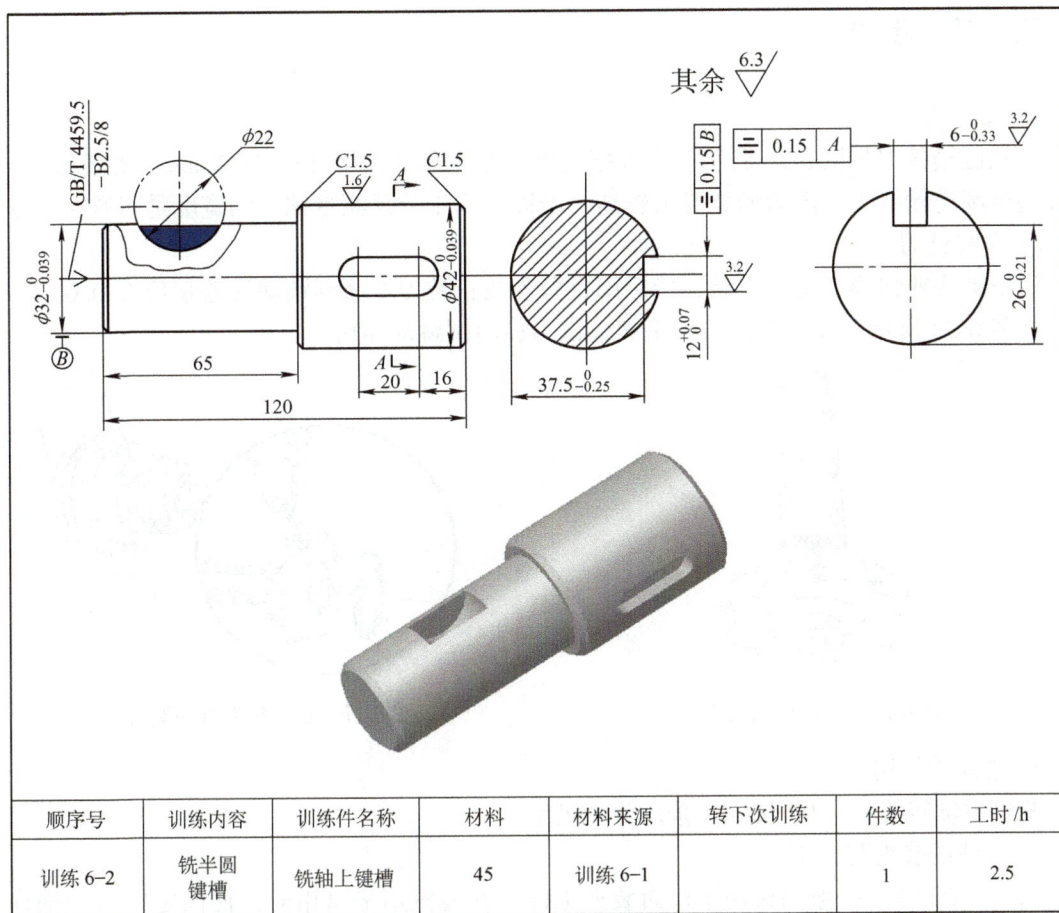

图6-25　铣半圆键槽

本任务是学习在轴上铣半圆键槽。通过本任务的学习要求掌握铣半圆键槽铣刀选择、安装、工件的装夹与找正、铣削方法及质量分析。

技能训练

一、工艺分析

1）半圆键槽的宽度为 $6_{-0.03}^{0}$mm，键槽的深度尺寸为 $36_{-0.21}^{0}$mm，半圆键槽中心与轴端的距离为 20mm。

2）半圆键槽对轴中心的对称度公差为 0.15mm。

3）半圆键槽的表面粗糙度为 $R_a3.2\mu m$。

二、加工步骤

1. 选择铣刀

半圆键槽铣刀如图 6-26 所示。现根据键槽的基本尺寸选用外径 $d=22$mm，宽度 $L=6$mm 的Ⅲ型半圆键槽铣刀。因为槽宽要求较高，所以可用千分尺测量铣刀的宽度是否符合要求。

2. 安装铣刀

用铣夹头或快换铣夹头安装，然后用百分表找正铣刀端面圆跳动误差量应在 0.03mm 之内，如图 6-27 所示。找正方法与校正键槽铣刀径向圆跳动相仿。

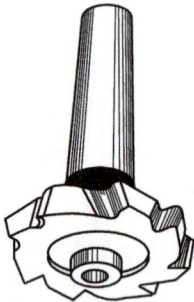

图 6-26　半圆键槽铣刀

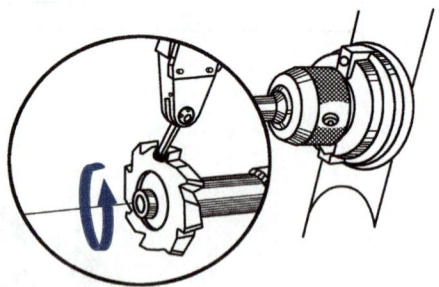

图 6-27　找正铣刀端面圆跳动

3. 选择铣削用量

调整主轴转速 $n=190$r/min，采用手动进给。

4. 工件的装夹与找正

1）装夹工件。一般用机用平口钳装夹工件，安装机用平口钳时，使固定钳口与横向工作台进给方向平行。将工件两端面装夹在钳口一端，如图 6-28 所示。

2）找正工件。用百分表找正工件上素线与工作台面平行；侧素线与纵向进给方向平

行，如图 6-28 所示。

5. 铣半圆键槽

（1）对刀

1）调整铣削位置。用金属直尺确定铣刀中心至工件端面距离为 20mm，如图 6-29 所示。然后垂向微量上升，切出浅痕，用金属直尺或游标卡尺测量工件端面至切痕中间的距离是否等于 20mm，若不符则调整纵向工作台。

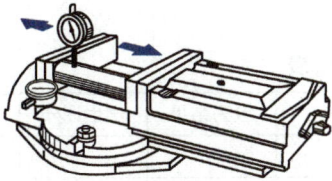

图 6-28　装夹工件与找正

图 6-29　铣槽位置

2）切痕对刀。操作过程与用三面刃铣刀铣半封闭键槽对刀相同，对刀后将横向及纵向工作台固紧。

（2）调整铣削层深度　擦到工件后，垂向升高量 $H =$ （32 − 26） mm = 6mm

（3）铣削　由于半圆键槽铣刀的铣削面由小到大，如图 6-30 所示，铣刀强度又较差，所以一般用手动进给铣削。铣至尺寸后让铣刀空转数转后停机，以提高表面质量。因为刀具刚度较差，排屑困难，所以，铣削过程中应充分冲注切削液。

6. 检测

1）测量槽宽一般用塞规检测，稍宽的槽也可用内测千分尺测量。

2）测量对称度与键槽对称度检测方法基本相同。

3）测量槽深测量时，将圆片（$\phi21mm \times 5mm$）放入槽内，如图 6-31 所示。用千分尺或游标卡尺测得读数后减去圆片直径即为槽深尺寸。

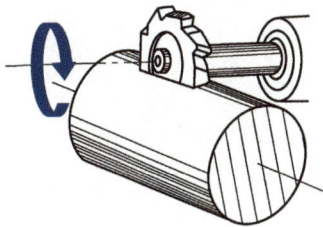

图 6-30　铣半圆键槽

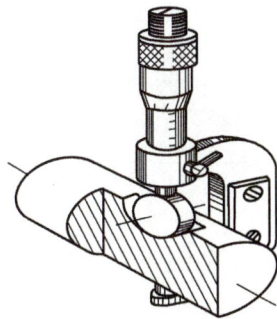

图 6-31　测量槽深

三、质量分析

1. 槽宽尺寸超差原因

1）铣刀选得不准确。

2）铣刀端面圆跳动过大。

2. 对称度超差原因

1）对刀不准。

2）工件侧素线未找正。

检测与评价

表6-1　轴上键槽检测与评价表

序号	检 测 内 容	配分	量具	检测结果	学生评分	教师评分
1	$12^{+0.07}_{0}$ mm	10				
2	$37.5^{0}_{-0.25}$ mm	8				
3	键槽的长度（20 + 12）mm = 32mm	5				
4	对称度公差为0.15mm（两处）	15×2				
5	R_a3.2μm（四处）	5×4				
6	R_a6.3μm（两处）	3×2				
7	$6^{0}_{-0.03}$ mm	10				
8	$36^{0}_{-0.21}$ mm	8				
9	20mm	3				
10	安全文明生产	违纪一项扣20分				
	合计	100				

本项目主要学习 T 形槽的铣削。通过本项目的学习和训练，能够完成图 7-1 所示零件的铣削。

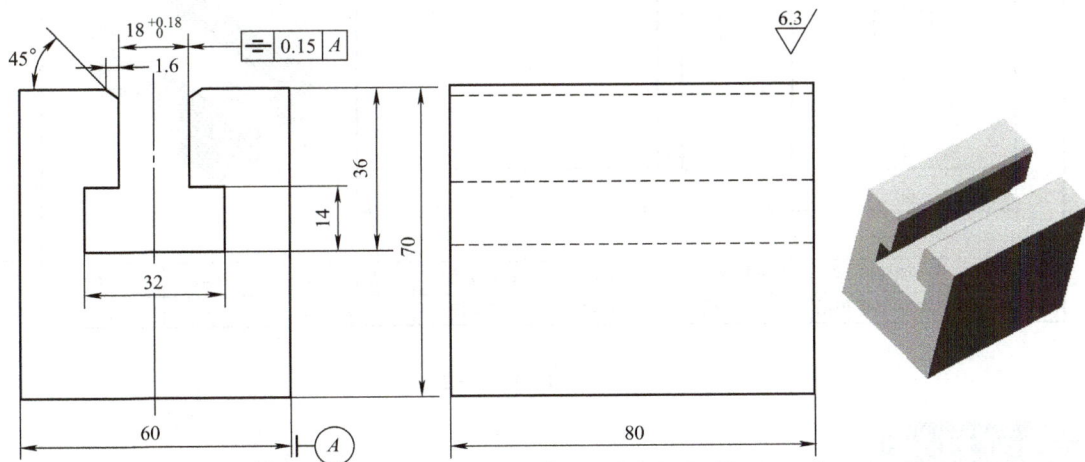

图 7-1　铣 T 形槽

任务一　铣 T 形直角槽

顺序号	训练内容	训练件名称	材料	材料来源	转下次训练	件数	工时/h
训练 7-1	铣 T 形直角槽	铣 T 形槽	HT200	预制件	训练 7-2	1	1.5

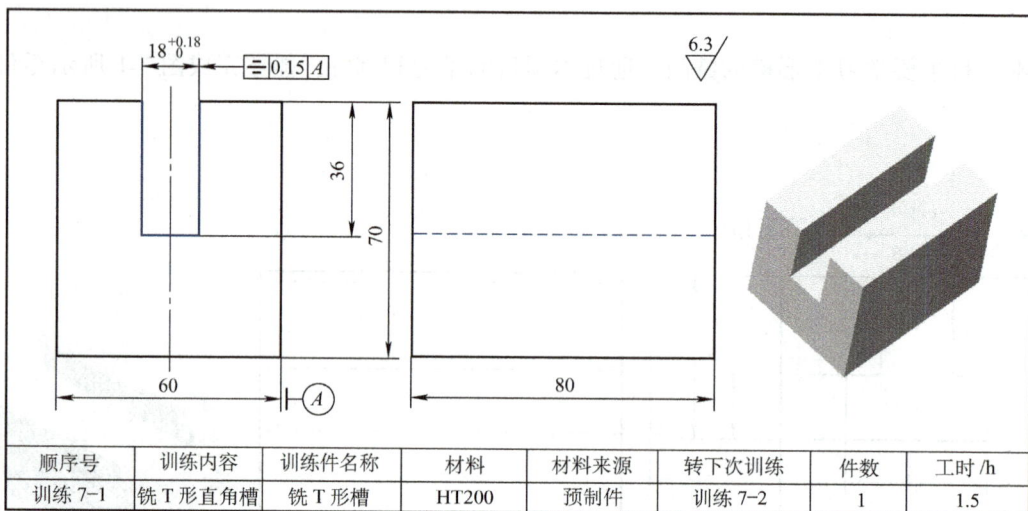

图 7-2　铣 T 形直角槽

学习目标

本任务是学习铣 T 形直角槽。通过本任务的学习，要求掌握 T 形直角槽的铣削方法。

相关知识

T 形槽主要用于机床工作台或夹具上，作为定位槽或用来安装 T 形螺钉夹紧工件。

T 形槽由两部分组成：一部分是直角槽，直角槽又分为基准槽和固定槽（基准槽要求较高，现加工工件为固定槽）；另一部分是底槽。

一、T 形槽铣刀

T 形槽铣刀是用来加工 T 形槽底槽的铣刀，其柄是锥形的，切削部分似盘铣刀。铣 T 形槽选择铣刀时，应按直槽的宽度选择铣刀颈部直径。

二、一般 T 形槽的铣削方法

先在立式铣床上用立铣刀或在卧式铣床上用三面刃铣出直槽，然后在立式铣床上安装 T 形槽铣刀铣出 T 形槽，最后用角度铣刀在槽口倒角，如图 7-3 所示。

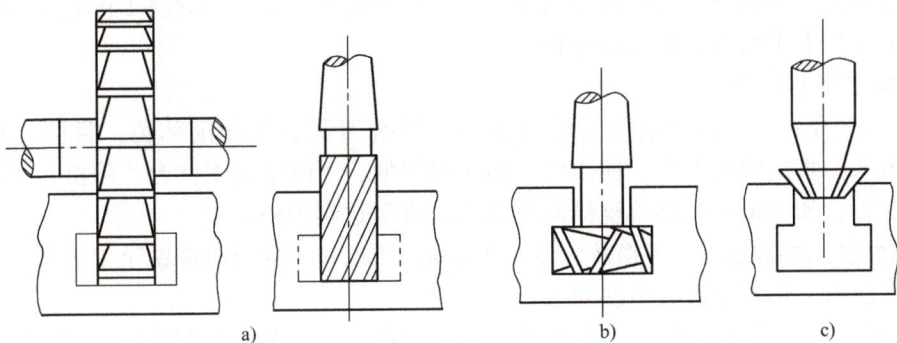

图 7-3 T 形槽的加工

a）铣直槽 b）铣底槽 c）槽口倒角

技能训练

一、工艺分析

1）预制件为 60mm×70mm×80mm 的矩形工件。

2）T 形直槽宽度 $18^{+0.18}_{0}$mm，深度为 36mm。

3）T 形直槽宽度方向对基准 A 的对称度公差为 0.15mm。

4）T 形直槽的侧面与底面的表面粗糙度均为 R_a6.3μm，在铣床上铣削加工能达到要求。

5）预制件的材料为 HT200，其切削性能较好。

6）预制件为矩形工件，便于装夹。

二、加工步骤

1. 选择铣刀

选用 φ18mm 立铣刀或键槽铣刀。如果是通槽，则也可选用三面刃铣刀在卧式铣床铣出直角槽。

2. 安装铣刀

直柄立铣刀或键槽铣刀可用快换铣夹头或铣夹头安装。锥柄铣刀则需用变径套连同铣刀用拉紧螺杆紧固在主轴孔中。

3. 选择铣削用量

调整主轴转速 $n = 250\mathrm{r/min}$（$v_\mathrm{c} \approx 15\mathrm{m/min}$），进给速度 $v_\mathrm{f} = 30\mathrm{mm/min}$。

4. 工件的装夹及找正

较大的工件可直接用压板装夹在工作台上；较小工件可用机用平口钳装夹。该工件采用机用平口钳装夹，先找正固定钳口与纵向进给方向平行后压紧。然后将工件装夹在机用平口钳内，找正工件上平面与工作台面平行。

5. 铣削 T 形直角槽

1）对刀。先在工件表面划出对称槽宽线，将铣刀调整到铣削部位，目测与槽宽线对准，开动机床，垂向缓缓上升，使工件表面切出刀痕，下降垂向工作台，停机，用游标卡尺测出槽的位置。如有偏差，则调整横向工作台，直至达到图样要求。

2）调整铣削层深度。T 形槽总深度为 36mm。所以铣直角槽时应铣至 T 形槽全深。因为立铣刀刚度较差，加工余量分两次切去。

3）铣削。对刀后第一次工作台上升 22mm，第二次工作台升高 14mm。铣削时手动进给，待铣刀切入工件后改为机动进给，并使两次进给方向相同，如图 7-4 所示。

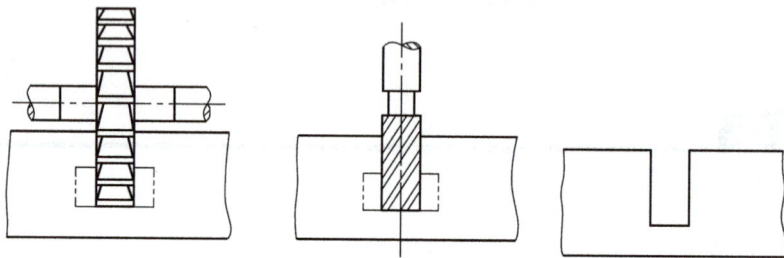

图 7-4　铣 T 形直角槽

三、质量分析

直角槽宽度尺寸超差的主要原因有：①立铣刀直径尺寸测量不准确；②铣刀安装后圆跳动误差大；③进给速度比较快使铣刀发生偏让；④两次铣削时进给方向不同等。

任务二 铣 T 形槽底槽

零件图

顺序号	训练内容	训练件名称	材料	材料来源	转下次训练	件数	工时 /h
训练 7-2	铣 T 形槽底槽	铣 T 形槽	HT200	训练 7-1	训练 7-3	1	1.5

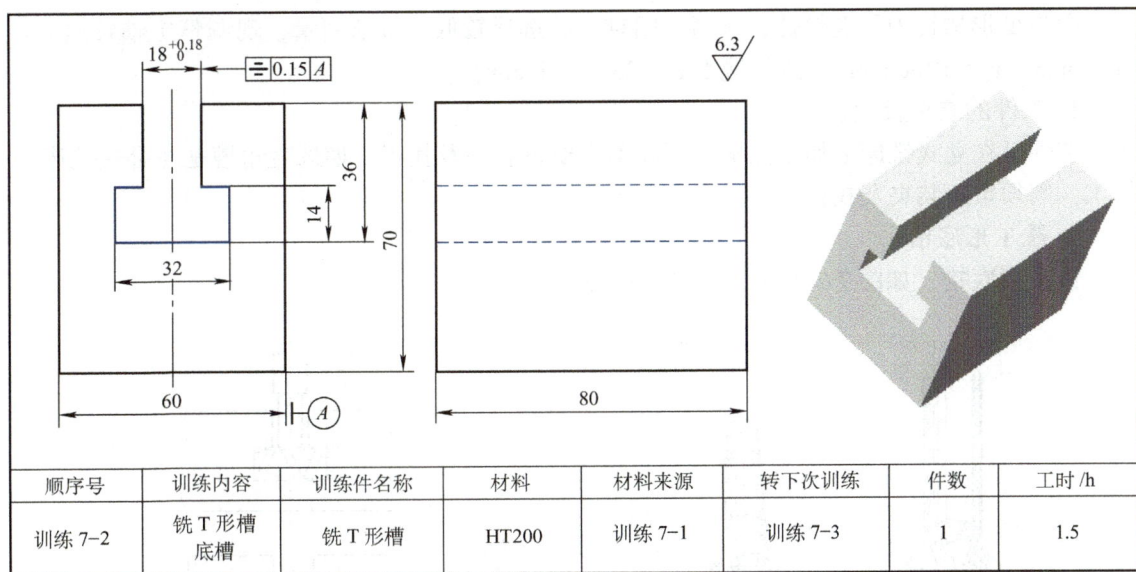

图 7-5 铣 T 形槽底槽

学习目标

本任务是学习 T 形槽的铣削。通过本任务的学习要求掌握 T 形槽的铣削方法。

技能训练

一、工艺分析

1）T 形底槽宽度为 32mm，高度为 14mm，距上平面的高度为 36mm。

2）T 形底槽的侧面与底面的表面粗糙度均为 $R_a6.3\mu m$，在铣床上铣削加工能达到要求。

二、加工步骤

1. 选择铣刀

选用 T 形槽基本尺寸为 18mm 的直柄 T 形槽铣刀，铣刀直径 $d = 32$mm，宽度 $L = 14$mm，如图 7-6 所示。

2. 安装铣刀

与直柄立铣刀安装方法相同。

3. 选择铣削用量

因为 T 形槽铣刀强度较低，排屑又困难，故选择较低的铣削用量，现调整主轴转速 $n = 118$r/min（$v_c \approx 12$m/min），进给速度 $v_f = 23.5$mm/min。

4. 工件的装夹及找正

工件已在立式铣床上加工完毕，所以不需要再装夹及找正。如果直角槽是在卧式铣床上加工，则须重新装夹及找正。

5. 铣 T 形底槽

铣 T 形底槽，如图 7-7 所示，其步骤如下：

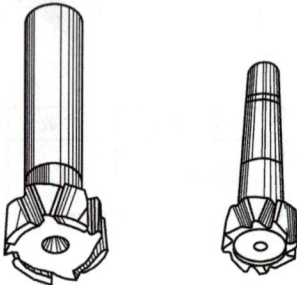

图 7-6　T 形槽铣刀

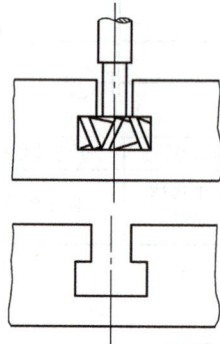

图 7-7　铣 T 形底槽

1）对刀。直角槽铣削后，因横向工作台未移动，换装 T 形槽铣刀后，不必重新对刀。如果工件是重新安装或横向工作台已经移动，其对刀方法：

① 刀柄对刀。将 18mm 直柄铣刀调头安装在铣夹头内，露出一段柄部，目测柄部对准直角槽，转动主轴使刀柄能通畅地进入槽内，即主轴已与直角槽对准。然后拆下立铣刀换装 T 形槽铣刀。

② 目测对刀。使 T 形槽铣刀的端面齿刃大致与直角槽底相接触，目测使 T 形槽铣刀与直角槽对准，起动机床，缓缓摇动纵向工作台，并使直角槽两侧同时接触铣刀，切出相等的切痕。

2）调整铣削层深度。

① 贴纸试切。工件表面贴一张薄纸，垂向工作台缓缓上升，待铣刀擦去薄纸时，工件退离铣刀，工作台上升 36mm（视情况考虑薄纸厚度 δ）。

② 擦刀试切铣直角槽时，已将深度铣到 36mm，只需将 T 形槽铣刀擦出的刀痕与直角槽

底接平即可。

3）铣削 T 形底槽。先手动进给，待底槽铣出一小部分时，测量槽深，如符合要求可继续手动进给，当铣刀大部进入工件后改用机动进给。铣削时要及时清除切屑，以免铣刀折断。

三、质量分析

1）底槽与直角槽对称度超差原因有：①工件重装后 T 形铣刀对刀不准确；②铣削底槽因工作台横向未锁紧产生拉动偏移。

2）T 形槽槽底与基准底面不平行的原因有：①铣刀未夹紧微量下移；②工件在铣削过程中因夹紧不牢固基准底面偏离定位面和装夹时底面与工作台面不平行等。

3）底槽表面粗糙度值大的原因有铣削过程中未及时清除切屑、进给量过大等。

任务三 T 形槽口倒角

零件图

顺序号	训练内容	训练件名称	材料	材料来源	转下次训练	件数	工时/h
训练 7-3	T 形槽口倒角	铣 T 形槽	HT200	训练 7-2		1	1.5

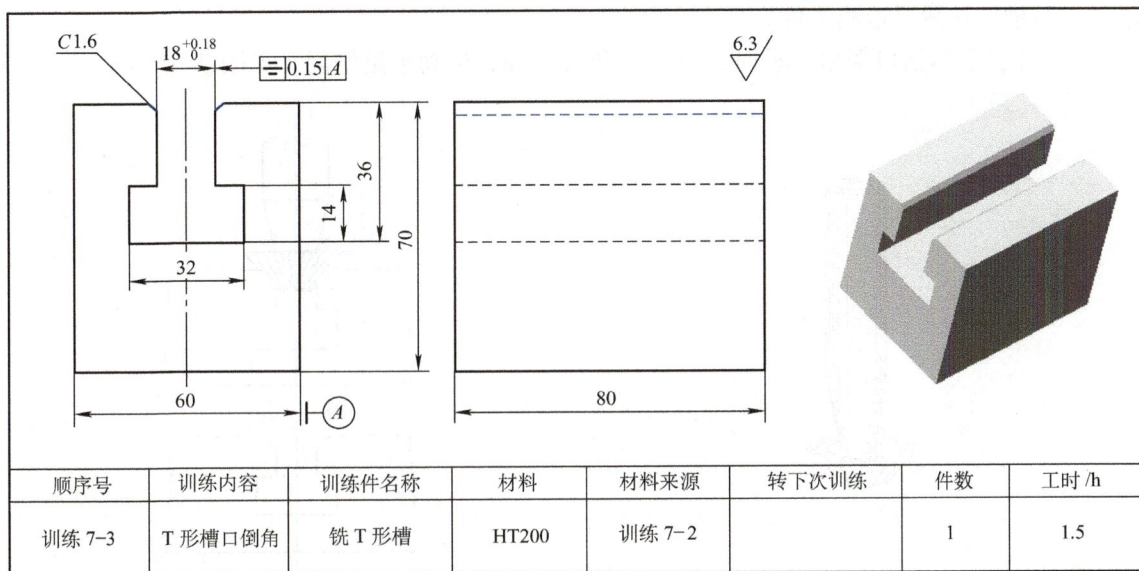

图 7-8 T 形槽口倒角

学习目标

本任务是学习铣 T 形槽口倒角。通过本任务的学习，要求掌握 T 形槽口的倒角方法。

技能训练

一、工艺分析

1）T 形槽口倒角为 $C1.6$。

2）T 形槽口的表面粗糙度为 $R_a6.3\mu m$，在铣床上铣削加工能达到要求。

二、加工步骤

1. 选择铣刀

选用外径 $d=25mm$，角度 $\theta=45°$ 的反燕尾槽铣刀，如图 7-9 所示。

2. 安装铣刀

用铣夹头或快换铣夹头安装。

3. 选择铣削用量

调整主轴转速 $n=235r/min$（$v_c\approx18m/min$），进给速度 $v_f=47.5mm/min$。

4. 铣削 T 形槽口倒角

1）对刀。底槽铣削后，因横向工作台未移动，中心位置不变，只需垂向工作台上升，使铣刀与槽口接触后退离工件。

2）铣削 T 形槽口倒角。垂向工作台上升 1.6mm，机动进给铣削，如图 7-10 所示。

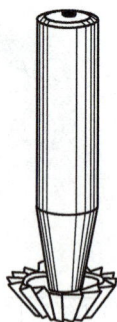

图 7-9   反燕尾槽铣刀

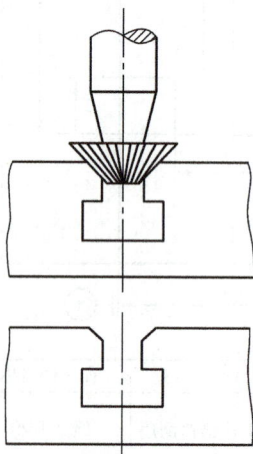

图 7-10   铣削 T 形槽口倒角

检测与评价

表 7-1　铣 T 形槽检测与评价表

序号	检 测 内 容	配分	量具	检测结果	学生评分	教师评分
1	$18^{+0.18}_{0}$ mm	15				
2	36mm	10				
3	对称度误差 0.15mm	16				
4	32mm	8				
5	14mm	8				
6	36mm	9				
7	$C1.6$	10				
8	$R_a6.3\mu m$（八处）	3×8				
9	安全文明生产	违纪一项扣 20 分				
	合　　计	100				

铣V形槽

本项目主要学习 V 形槽的铣削。用双角铣刀铣 V 形槽，一般在 X6132 卧式铣床上分两个步骤进行（铣窄槽、铣 V 形槽）。通过本项目的学习和训练，能够完成图 8-1 所示零件的铣削加工。

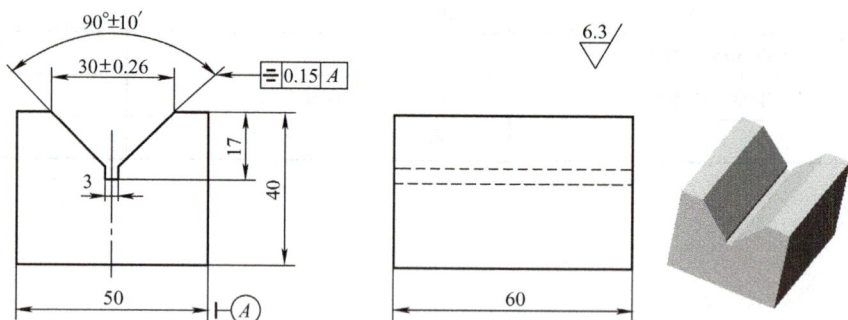

图 8-1 铣 V 形槽

任务一 铣窄槽

零件图

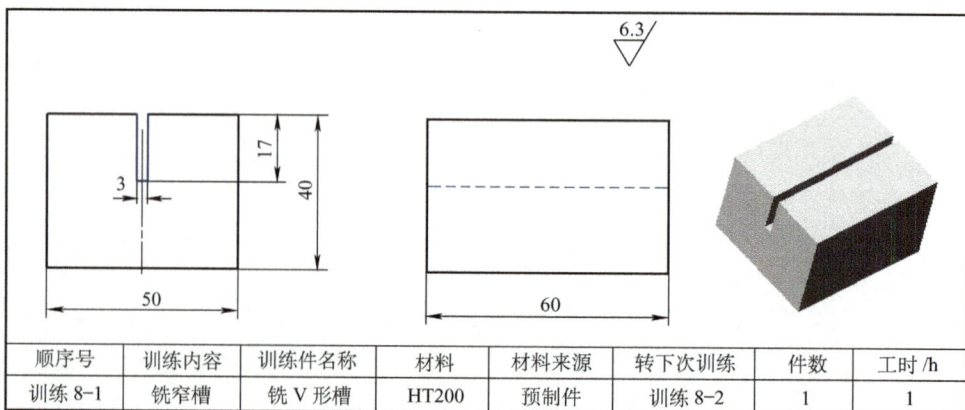

顺序号	训练内容	训练件名称	材料	材料来源	转下次训练	件数	工时 /h
训练 8-1	铣窄槽	铣 V 形槽	HT200	预制件	训练 8-2	1	1

图 8-2 铣 V 形窄槽

本任务是学习铣窄槽。通过本任务的学习，要求掌握铣窄槽时铣刀的选择，铣刀的安装和窄槽的铣削方法。

相关知识

V 形槽的应用比较广泛，常作为轴类零件的定位和夹紧元件，在机床上被用作 V 形导轨。

一、V 形槽的技术要求

1）V 形槽的夹角一般为 90°或 60°，以 90°V 形槽最为常用。

2）V 形槽的中心和窄槽的中心重合，一般情况下矩形工件的两侧对称于 V 形槽中心。

3）V 形槽两 V 形面夹角的中心线垂直于工件基准面。

4）窄槽略深于两 V 形面的交线。

二、V 形槽的加工方法

1. 用立铣刀铣 V 形槽

夹角等于或大于 90°的 V 形槽，可调整立铣头角度用立铣刀加工，如图 8-3 所示。加工时，先用短刀轴安装锯片铣刀铣出窄槽，然后调整立铣头角度，安装立铣刀铣 V 形槽。铣 V 形槽时，先铣出一个 V 形面。再将工件松开，调整 180°铣出另一 V 形面。在立式铣床上铣 V 形槽时，用横向进给铣出工件，夹具或工件的基准面应与横向工作台进给方向平行。尺寸较小的 V 形槽或夹角小于 90°的 V 形槽，可用对称双角铣刀加工。

2. 用对称双角铣刀铣 V 形槽

铣削时，先在卧式铣床上用锯片铣刀铣出窄槽，然后安装对称双角铣刀铣出 V 形槽，如图 8-4 所示。在卧式铣床上用对称双角铣刀铣 V 形槽时，用纵向进给铣出工件，夹具或工件的基准面应与纵向工作台进给方向平行。精度较低的 V 形面或夹角 >90°的 V 形槽，可调整工件加工。

3. 调整工件铣 V 形槽

铣 90°V 形槽时，先安装锯片铣刀铣出窄槽。按划线再将 V 形槽的一个 V 形面找正，与工作台台面垂直或平行装夹，用三面刃铣刀或立铣刀，通过一次装夹加工出两个 V 形面，此种方法加工出的 V 形槽角度比较准确。大于 90°的 V 形槽，工件可分两次装夹找正，分别加工出两个 V 形面。

图 8-3　在立式铣床上铣 V 形槽

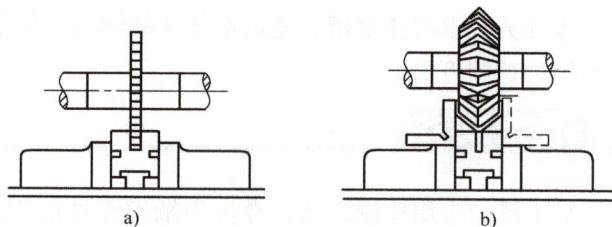

图 8-4　双角铣刀铣 V 形槽
a）锯片铣刀铣窄槽　b）铣 V 形槽

技能训练

一、工艺分析

1）预制件为 60mm×50mm×40mm 的矩形工件，便于装夹。

2）预制件材料为 HT200，切削加工性能较好。

3）V 形槽窄槽宽 3mm，深 17mm。

4）V 形槽窄槽的表面粗糙度值为 $R_a6.3\mu m$，在铣床上铣削加工能达到要求。

二、加工步骤

1. 选择铣刀

根据图样的槽宽及槽深要求，选用 $\phi100mm×3mm$ 中齿锯片铣刀。

2. 安装铣刀

安装前，必须将铣刀孔径端面、刀杆垫圈和螺母端面擦净，然后将锯片铣刀安装在刀杆中间，并使铣刀的端面圆跳动误差控制在 0.05mm 以内。

3. 选择铣削用量

调整主轴转速 $n=60r/min$（$v_c≈18m/min$）。

4. 工件装夹及找正

工件装夹前，按图样划出对称的窄槽和 V 形槽线。将机用平口钳安装在工作台上，找正固定钳口与工作台纵向进给方向平行并压紧。工件装夹在钳口中，找正工件上平面与工作台面平行，如图 8-5 所示。

5. 铣窄槽

1）对刀。调整纵向、横向、垂向手柄，使工件铣削位置处于铣刀下方，目测使锯片铣刀对准 3mm 窄槽线。起动机床，垂向上升，使工件表面切出刀痕。

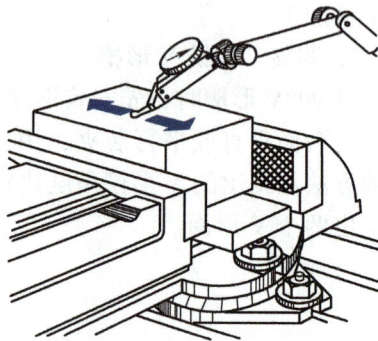

图 8-5　工件装夹与找正

用游标卡尺测量切痕到两边距离是否相等，如图 8-6 所示。如有偏差则调整横向工作台。用上述方法再试铣，使窄槽位置符合要求。也可用换面法对刀，即工件第一次切痕后，将工件回转 180°后再次切痕，停机，退出工件，观看两次切痕是否重合。如有偏差，则按偏差的一半调整横向工作台，再进行试切，直至两切痕重合。

2）调整铣削层深度。对刀后紧固横向工作台，根据切到工件表面的记号，垂向工作台上升 17mm。

3）铣窄槽。用手动进给铣出窄槽，如图 8-7 所示。

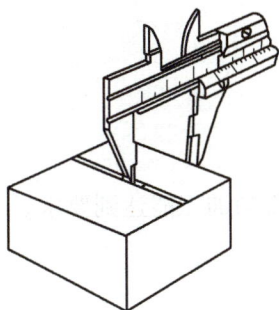

图 8-6　切痕对刀

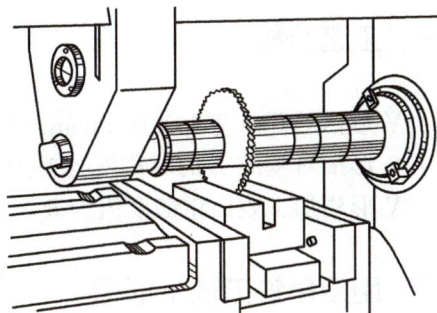

图 8-7　铣窄槽

任务二　铣 V 形开口

零件图

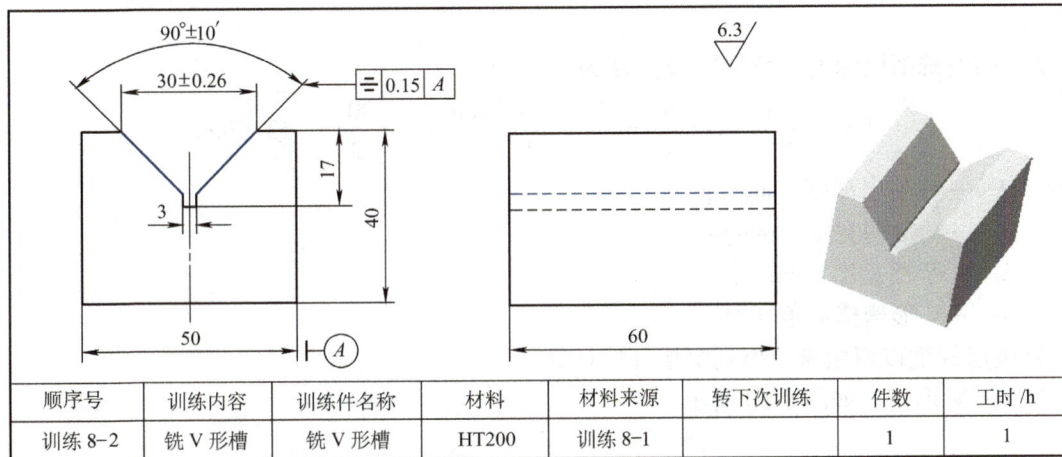

顺序号	训练内容	训练件名称	材料	材料来源	转下次训练	件数	工时/h
训练 8-2	铣 V 形槽	铣 V 形槽	HT200	训练 8-1		1	1

图 8-8　铣 V 形槽

本任务是学习和训练铣 V 形槽。通过本任务的学习，要求掌握用双角铣刀铣 V 形槽和调整主轴转角铣削 V 形槽时铣刀的选择，铣刀的安装和 V 形槽的铣削方法。

技能训练

一、工艺分析

1）V 形槽的开口宽 30 ±0.26mm，夹角为 90° ±10′。

2）V 形槽对基准 A 的对称度公差为 0.15mm。

3）V 形槽加工表面粗糙度值为 $R_a6.3\mu m$，在铣床上铣削加工能达到要求。

二、用双角铣刀铣 V 形槽

1. 加工步骤

（1）选择铣刀　按 V 形槽的宽度及槽角，选用外径 $D = 100mm$，角度 $\theta = 90°$，宽度 $L = 32mm$ 的对称双角铣刀。

（2）安装铣刀　在不影响移动横向工作台的前提下，铣刀尽量靠近主轴处，以增强刀杆刚度。

（3）选择铣削用量　调整主轴转速 $n = 60r/min$（$v_c \approx 18m/min$），进给速度 $v_f = 37.5mm/min$。

（4）铣 V 形槽

1）对刀。起动机床，目测使双角铣刀刀尖处于窄槽中间，垂向工作台略上升，使铣刀在窄槽两侧切出刀痕。观察两边的刀痕是否相同，如图 8-9 所示。如不一致，则再调整横向工作台。

2）调整铣削层深度。铣削层深度 H 为

$$H = \frac{B-b}{2} \times \cot\frac{\alpha}{2} = \frac{30mm - 3mm}{2} \times \cot\frac{90°}{2} = 13.5mm$$

式中　H——铣削层深度（mm）；

　　　B——V 形槽宽度（mm）；

　　　b——窄槽宽度（mm）；

　　　α——V 形槽槽形角（°）。

铣削层深度以双角铣刀擦到窄槽开始计算。

3）铣 V 形槽，如图 8-10 所示。

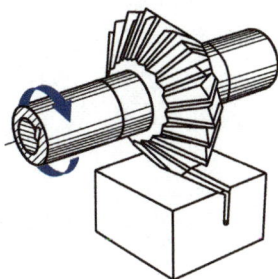

图 8-9　切痕对刀

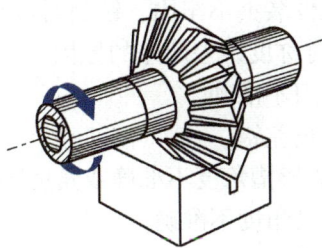

图 8-10　铣 V 形槽

① 粗铣。铣削时不能一次切去全部余量，一般可分三次进给。第一次背吃刀量为 6mm，第二次背吃刀量为 4mm，第三次背吃刀量为 2.5mm，留 1mm 精铣余量。

② 预检对称度。为了保证 V 形槽的对称度，在第一、二次粗铣后，可用游标卡尺或金属直尺预检 V 形槽的对称度误差，如图 8-11 所示。

③ 测量对称度误差，如图 8-12 所示。粗铣完成后，取下工件，在平板上测量对称度。测量时，以工件两侧面为基准，放在平板上，在 V 形槽内放入标准圆棒，用百分表测出圆棒最高点，转动表盘，使指针对准 "0" 位。然后将工件翻转 180°，再用百分表测量圆棒最高点。如读数不一致，则需按误差值的一半调整横向工作台，再试铣，直至符合要求。

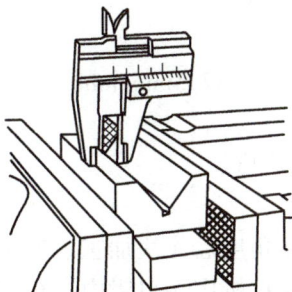

图 8-11　预检对称度误差

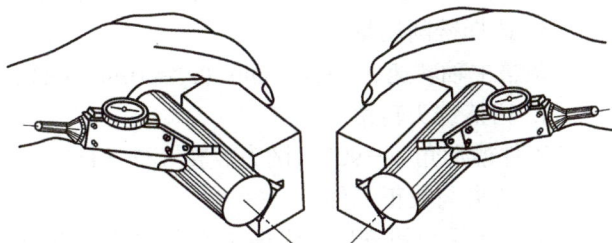

图 8-12　测量对称度误差

④ 精铣。精铣时为了提高 V 形槽质量，可将铣削层深度、进给量适当减小，而铣削速度略微提高。可用游标卡尺或金属直尺测量来控制 V 形槽宽度。

（5）检测 V 形槽

1）测量槽宽用游标卡尺或金属直尺直接测出槽口宽度尺寸。

2）测量槽形角用游标万能角度尺测出半个槽形角为 45°，如图 8-13a 所示。用刀口形 90° 角尺测量 90° 槽形角，如图 8-13b 所示。

3）测量对称度与 V 形槽精铣时的测量方法相同。

2. 质量分析

（1）槽宽不一致的原因

1）工件上平面与工作台面不平行。

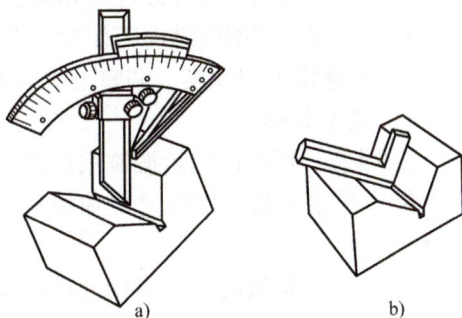

图 8-13　测量 V 形槽槽形角
a）测量槽形半角　b）测量槽形角

125

2）工件装夹不牢固，铣削时位移。

（2）对称度误差超差的原因

1）对刀不准确。

2）测量差错。

（3）V形槽角度不准确或角度不对称的原因

1）刀具角度不准确。

2）工件上平面未找正。

（4）V形槽与工件两侧面不平行的原因

1）固定钳口与纵向进给方向不平行。

2）工件装夹时有毛刺或脏物。

三、调整主轴转角铣削V形槽

在X5032立式铣床上调整立铣头主轴转角，铣削V形槽，其加工步骤如下：

1. 选择铣刀

根据槽宽尺寸，选用35mm莫氏锥柄立铣刀。

2. 安装铣刀

用变径套及拉紧螺杆安装立铣刀，安装方法与铣斜面相同。

3. 选择铣削用量

调整主轴转速 $n = 150 \text{r/min}$（$v_c \approx 16 \text{m/min}$），进给速度 $v_f = 37.5 \text{mm/min}$。

4. 调整铣头转角

工件槽形角 $\alpha = 90°$，铣头扳转 $\alpha/2 = 45°$。左、右扳转均可。

5. 装夹与找正工件

将机用平口钳安装在纵向工作台左端或右端，否则扳转角度后无法加工。安装并校正固定钳口与横向工作台进给方向平行后压紧，然后将工件装夹在机用平口钳内，校正上平面与工作台面平行。

6. 铣V形槽

1）对刀。将立铣刀刀尖基本对准窄槽中间，如图8-14所示。升高垂向工作台，并调整纵向工作台，使立铣刀端面齿刃和周边齿刃同时在窄槽两侧切出刀痕。观察两边切痕是否相同。如不一致，则调整纵向工作台。对刀完成后锁紧纵向工作台。

2）调整铣削层深度。调整方法与双角铣刀铣V形槽相同。

3）铣V形槽。

① 粗铣。用横向进给按铣削层深度分几次切去大部分余量。粗铣后可用游标万能角度尺测量V形槽半角，以确定主轴扳转角度是否准确。如果不准，则重新调整主轴转角，直至符合要求。

② 精铣。精铣时可适当提高铣削速度，减小进给量，减少切削层深度，以保证加工质量。

③ 换面法铣削。精铣时，也可以铣出V形槽一侧后（图8-15a），将工件回转180°再铣削另一侧面（图8-15b）。铣削时，由于纵向工作台固定不动，铣削层深度一致，因此，V

形槽对称度也较好。

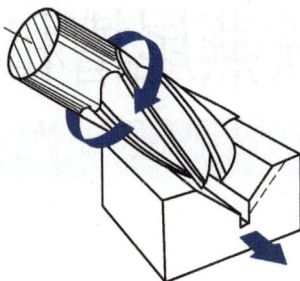

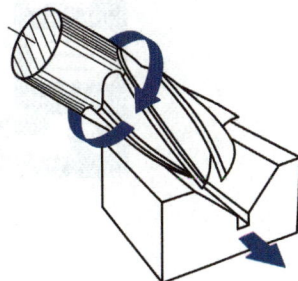

图 8-14 对刀

a)　　　　　　　　b)

图 8-15 换面法铣 V 形槽

检测与评价

表 8-1 铣 V 形槽检测与评价表

序号	检 测 内 容	配分	量具	检测结果	学生评分	教师评分
1	3mm	8				
2	17mm	12				
3	30 ± 0.26mm	20				
4	90° ± 10′	15				
5	对称度公差 0.15mm	20				
6	R_a6.3μm（五处）	5 × 5				
7	安全文明生产	违纪一项扣 20 分				
	合计	100				

项目九 铣燕尾槽和燕尾块

本项目主要学习燕尾槽和燕尾块的铣削。通过本项目的学习和训练，能够完成图 9-1 所示零件的铣削加工。

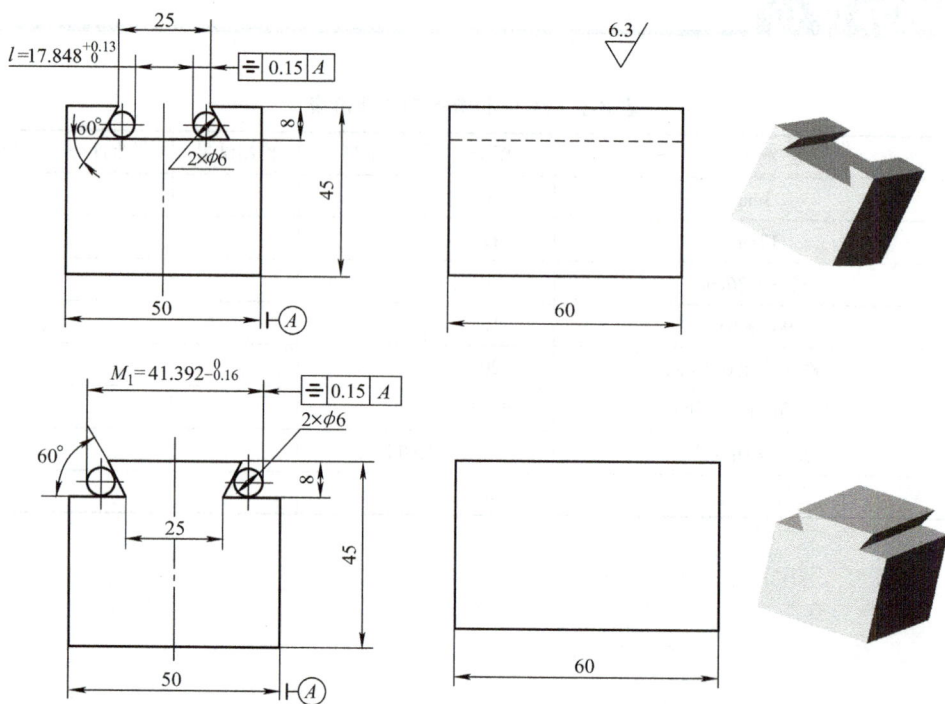

图 9-1　铣燕尾槽和燕尾块

128

任务一　铣燕尾槽

顺序号	训练内容	训练件名称	材　料	材料来源	转下次训练	件　数	工时/h
训练9-1	铣燕尾槽	铣燕尾槽和燕尾块	HT200	预制件		1	6

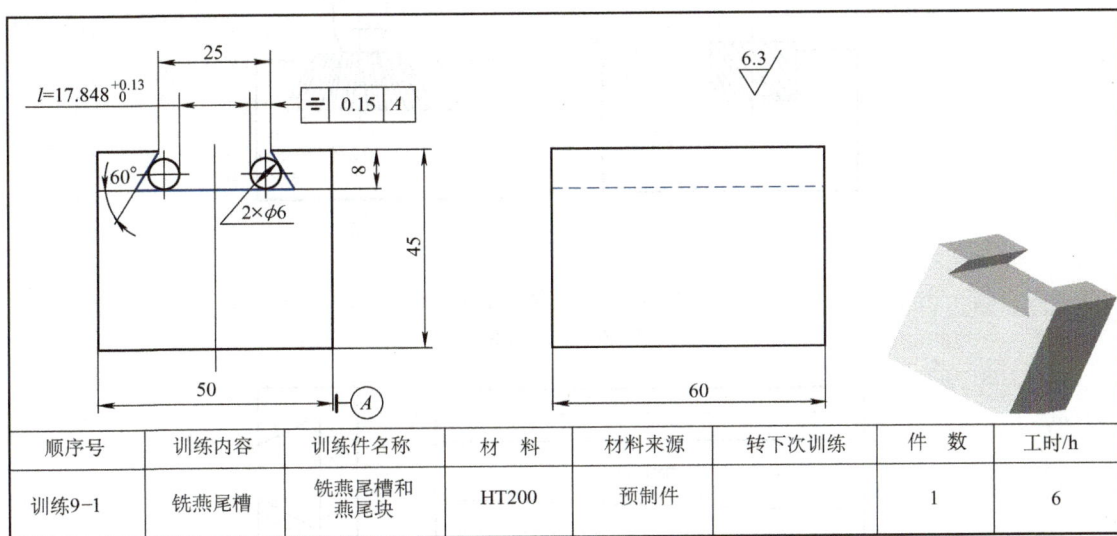

图 9-2　铣燕尾槽

学习目标

本任务是学习铣燕尾槽。通过本任务的学习，要求掌握铣燕尾槽时铣刀的选择，铣刀的安装和燕尾槽的铣削方法。

相关知识

燕尾槽与燕尾块配合使用，多用于机床导轨或其他导向零件，如铣床的垂直导轨和纵向工作台导轨等。燕尾槽的角度一般为55°或60°。

一、铣燕尾槽用铣刀

铣燕尾槽时，通常用专用的燕尾槽铣刀。燕尾槽铣刀切削部分的形状与单角铣刀相似。选择铣刀时，应根据燕尾槽的角度选择相同角度的铣刀，铣刀锥面的宽度应大于燕尾槽斜面的宽度。

二、燕尾槽的铣削方法

燕尾槽的铣削分两个步骤，如图 9-3 所示。先在立式铣床上用立铣刀或面铣刀铣出直槽，再用燕尾槽铣刀铣出燕尾槽。铣带斜度的燕尾槽时，第一步先铣出不带斜度的一侧，第二步将工件按图样规定的方向和斜度调整至与工作台进给方向成一定斜度，铣出带斜度的一侧，如图 9-4 所示。

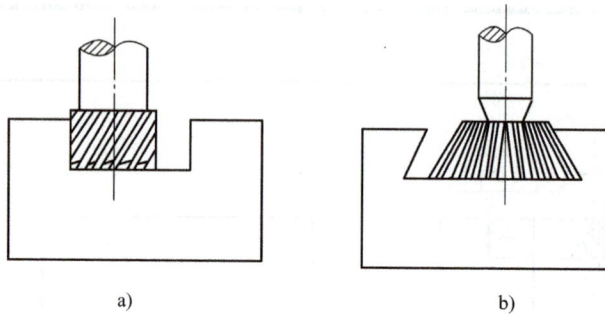

a)   b)

图 9-3 铣燕尾槽步骤

a）铣直槽 b）铣燕尾槽

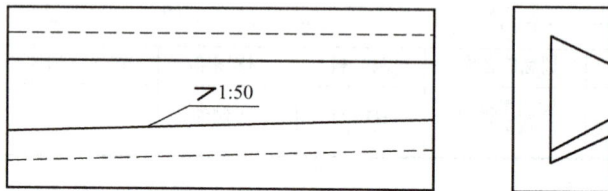

图 9-4 带斜度燕尾槽

技能训练

一、工艺分析

1）燕尾槽最小宽度为 25mm，深 8mm。标准圆棒直径为 6mm 时，测量尺寸 l 为 $17.848^{+0.13}_{0}$mm；标准圆棒直径为 $\phi6$mm 时，测量尺寸 l_1 为 $41.392^{0}_{-0.16}$mm。燕尾槽的槽形角为 60°。

2）燕尾槽对基准 A 的对称度误差不大于 0.15mm。

3）预制件为 60mm×50mm×45mm 的矩形工件。

4）燕尾槽加工表面粗糙度值为 $R_a6.3\mu m$，在铣床上铣削加工能达到要求。

5）预制件的材料为 HT200，其切削性能较好。

6）预制件为矩形工件，便于装夹。

二、加工步骤

现介绍在 X5032 立式铣床上铣削燕尾槽的操作方法。铣燕尾槽分两个步骤。

1. 铣直角槽

在卧式铣床上可用三面刃铣刀或在立式铣床上用立铣刀铣削直角槽，如图 9-5 所示。燕尾槽工件深度为 8mm，槽形最窄处为 25mm，所以应铣出 25mm × 8mm 直角槽，深度为 7.8mm，留 0.2mm 精铣余量。

2. 铣燕尾槽

（1）铣刀的选择与安装

1）选择铣刀。燕尾槽铣刀有直柄与锥柄两种。铣刀的切削部分与单角铣刀相似，如图 9-6 所示。根据槽形尺寸选用外径 $d = 25$mm，角度 $\theta = 60°$的 I 型直柄燕尾槽铣刀。

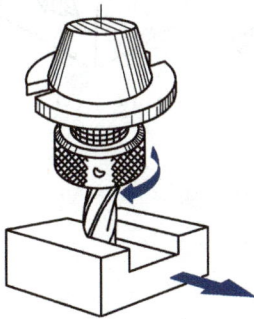

图 9-5　铣削直角槽

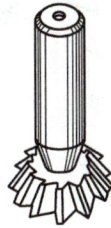

图 9-6　燕尾槽铣刀

2）安装铣刀。用铣夹头或快换铣夹头装夹。为使铣刀有较好的刚度，刀柄不应伸出太长。

3）选择铣削用量。由于燕尾槽铣刀的刀齿较密，刀尖强度较弱，颈部又较细，刀具刚度较差，所以铣削用量都取较小值，但铣削速度也不宜太低。调整主轴转速 $n = 190$r/min（$v_c \approx 15$m/min），进给速度 $v_f = 23.5$mm/min。

（2）工件的装夹与找正　先在工件上划出槽形线。将机用平口钳安装在工作台上，找正固定钳口与纵向工作台进给方向平行后压紧。再用机用平口钳装夹工件，找正工件上平面与工作台面平行。

（3）铣削燕尾槽

1）对刀。起动机床，目测使燕尾槽铣刀与直角槽中心大致对准，上升垂向工作台，使工件槽底与铣刀端面齿相接触，垂向升高 0.2mm，然后缓慢摇动纵向工作台，使直角槽侧刚好切着，停机，退出工件，测量槽深应为 8mm。

2）铣削。对刀后，横向工作台移动距离 S，S 可按下式计算，即

$$S = t\cot\alpha = 8\cot60°\text{mm} = 4.618\text{mm}$$

式中　S——横向工作台移动量（mm）；

　　　t——燕尾槽深度（mm）；

　　　α——燕尾槽槽形角（°）。

① 铣燕尾槽的一侧，如图 9-7a 所示。横向工作台移动量 S 为 4.618mm，因为铣刀强度较差，不能一次铣去全部余量，所以分三次调整横向工作台，粗铣分别为 2.5mm、1.6mm。然后缓慢移动纵向工作台，待铣刀切入工件后，起动纵向机动进给。铣削结束后，放入 ϕ6mm 标准圆棒，测量工件侧面至圆棒间的距离，如图 9-7b 所示。根据测得数据，调整横向工作台后进行精铣。

应该注意，铣燕尾槽时不得采用顺铣，以免折断铣刀。

② 铣燕尾槽的另一侧，如图 9-7c 所示。移动横向工作台，使铣刀尖角与另一侧直角槽相接触后，退出工件，然后调整横向工作台，移动量分粗、精铣完成，并测量 M 值尺寸。

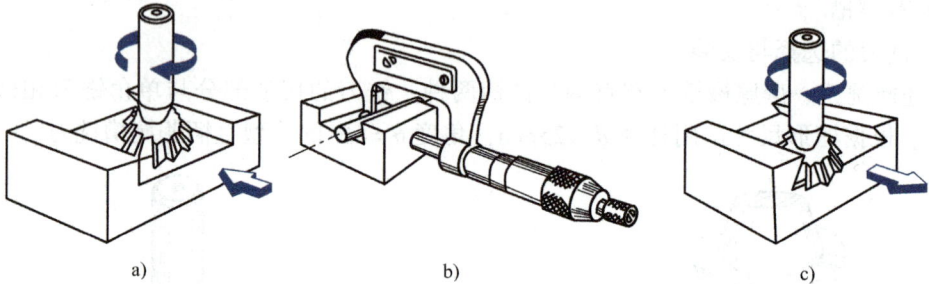

a)　　　　　　　　b)　　　　　　　　c)

图 9-7　铣削燕尾槽
a）铣削槽的一侧　b）预检　c）铣削槽的另一侧

三、燕尾槽的检验

1）测量槽形角。槽形角可用样板或游标万能角度尺进行测量，如图 9-8a 所示。

2）测量槽宽。用两根 ϕ6mm 标准圆棒放入槽中，用游标卡尺或内径千分尺测量，如图 9-8b 所示。燕尾槽 M 值应为 17.978～17.848mm。

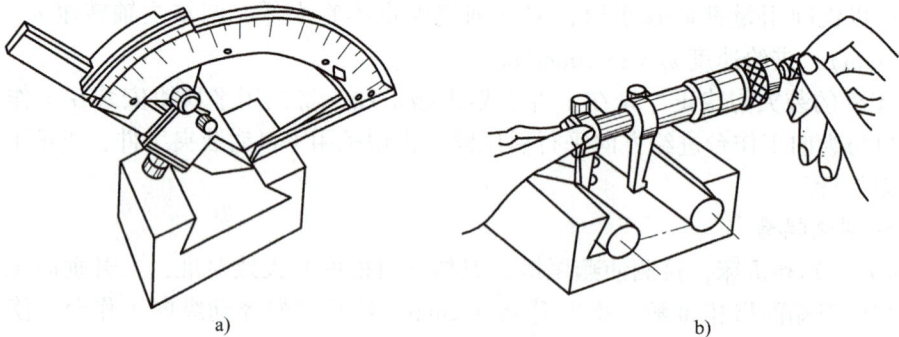

a)　　　　　　　　b)

图 9-8　燕尾槽测量计算
a）测量槽角　b）测量宽度

四、质量分析

（1）槽宽两端尺寸不一致的原因

1）工件上平面未找正。

2）用换面法铣削时，工件两侧面平行度误差较大。

（2）宽度尺寸超差的原因

1）测量差错。

2）移动横向工作台时，摇错刻度盘及未消除传动间隙。

3）槽形角超差，刀具角度选错或铣刀角度误差较大。

检测与评价

表 9-1　铣燕尾槽检测与评价表

序号	检 测 内 容	配分	量具	检测结果	学生评分	教师评分
1	25mm	8				
2	8mm	12				
3	$17.848^{+0.13}_{0}$ mm	20				
4	60°	20				
5	对称度公差 0.15mm	25				
6	$R_a6.3\mu m$（三处）	5×3				
7	安全文明生产	违纪一项扣 20 分				
	合计	100				

任务二　铣燕尾块

零件图

顺序号	训练内容	训练件名称	材　料	材料来源	转下次训练	件　数	工时/h
训练9-2	铣燕尾块	铣燕尾槽和燕尾块	HT200	预制件		1	6

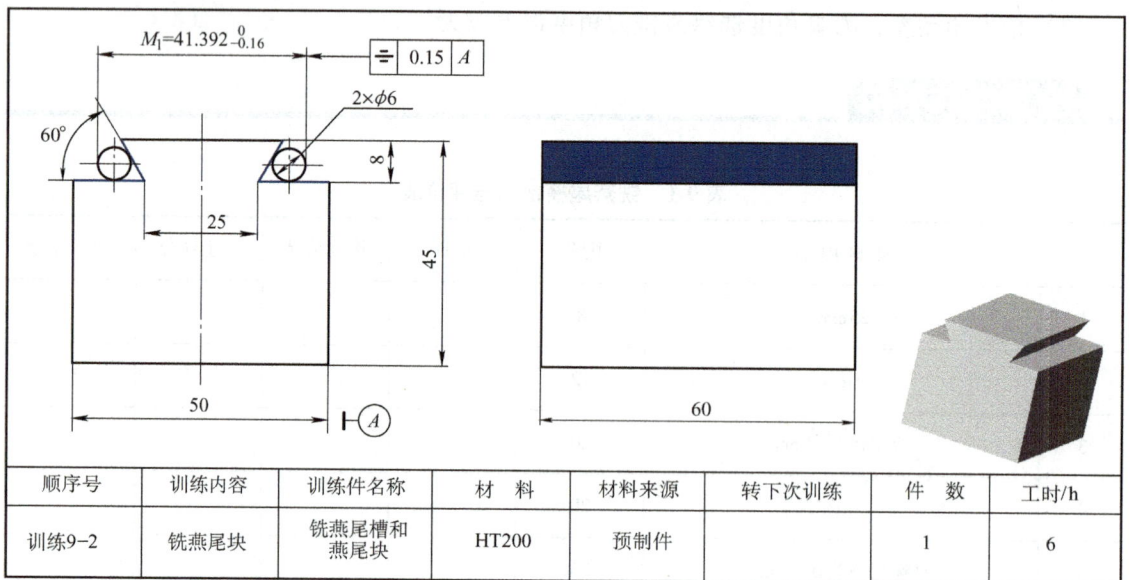

图 9-9　铣燕尾块

学习目标

本任务是学习铣燕尾块。通过本任务的学习，要求掌握铣燕尾块时铣刀的选择、铣刀的安装和燕尾块的铣削方法。

技能训练

一、工艺分析

1）燕尾块最小宽度为 25mm，深 8mm，标准圆棒直径为 6mm 时，测量尺寸 M 为 $41.392_{-0.16}^{0}$mm；燕尾块的槽形角为 60°。

2）燕尾块对基准 A 的对称度公差 0.15mm。

3）预制件为 60mm×50mm×45mm 的矩形工件。

4）燕尾块加工表面粗糙度值为 $R_a6.3\mu m$，在铣床上铣削加工能达到要求。

5）预制件的材料为 HT200，其切削性能较好。

6）预制件为矩形工件，便于装夹。

二、加工步骤

1. 铣凸台

铣凸台如图 9-10 所示，可在卧式铣床可用三面刃铣刀或在立式铣床上用立铣刀铣出。燕尾块根部为 25mm，深度为 8mm。根据燕尾槽横向铣削层深度 $S = 4.618mm$，所以凸台尺寸应为

$$25mm + 2 \times 4.618mm = 34.236mm$$

先铣出 34.236mm × 8mm 的凸台。深度留 0.2mm 精铣余量。凸台位置应与工件两侧面对称。

2. 铣燕尾块

铣燕尾块时铣刀的选择与安装，工件的装夹与找正，以及铣削用量的选择，与铣燕尾槽相同。

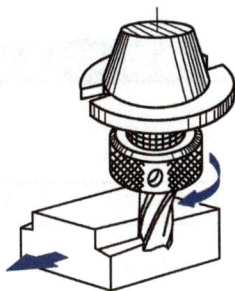

（1）对刀　将铣刀调整到凸台一侧，起动机床，垂向缓缓上升，使铣刀端面齿刃轻触凸台底面。然后调整横向工作台，使齿刃尖角与凸台侧面接触后在垂向、横向刻度盘上做记号，铣刀退离工件。

图 9-10　铣凸台

（2）铣燕尾块一侧　垂向升高 0.2mm，横向工作台分三次调整，然后机动进给铣削，如图粗铣后在燕尾块一侧放入 $\phi6mm$ 标准圆棒，用深度游标尺或深度千分尺测量工件侧面至圆棒间距离，如图 9-11b 所示，再根据测得余量调整横向工作台进行精铣。

（3）铣燕尾块另一侧　将铣刀移至另一侧，对刀后分粗、精铣削，如图 9-11c 所示。再用千分尺测量燕尾块 M_1 为 41.392～41.232mm，如图 9-12 所示。

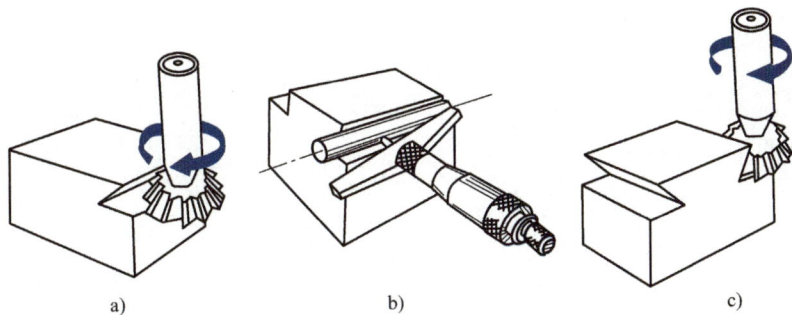

a)　　　　　　　　　b)　　　　　　　　　c)

图 9-11　铣削燕尾块

a）铣削一侧　b）预检　c）铣削另一侧

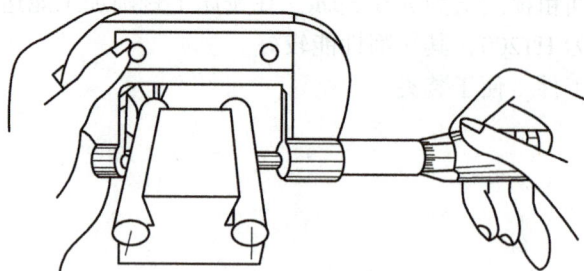

图 9-12　燕尾块测量

检测与评价

表 9-2　铣燕尾块检测与评价表

序号	检 测 内 容	配分	量具	检测结果	学生评分	教师评分
1	25mm	8				
2	8mm	12				
3	$41.392_{-0.16}^{0}$mm	25				
4	60°	20				
5	对称度公差 0.15mm	25				
6	$R_a6.3\mu m$（二处）	5×2				
7	安全文明生产	违纪一项扣20分				
	合　计	100				

本项目主要学习花键轴的铣削。通过本项目的学习和训练，能够完成图 10-1 所示零件的铣削加工。

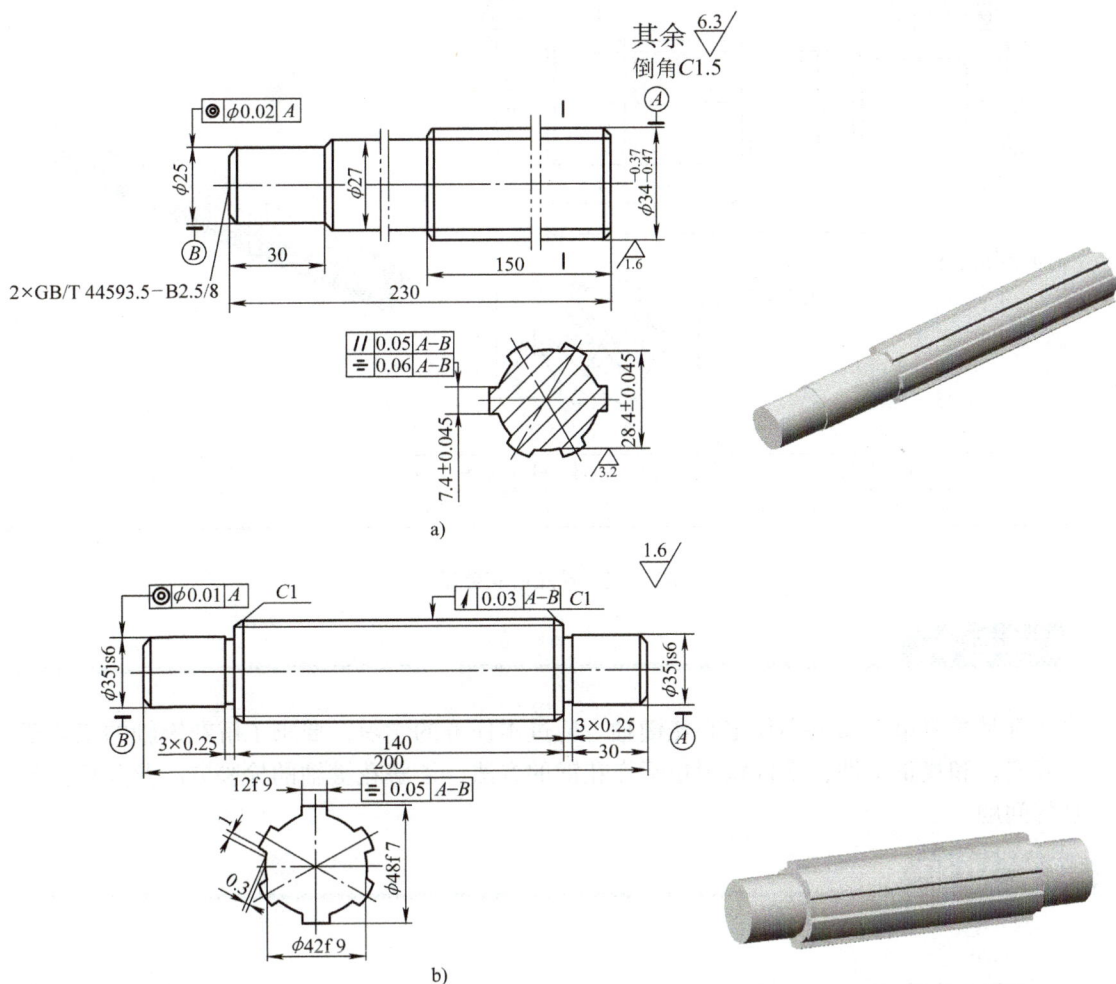

图 10-1　小径定心花键轴和大径定心花键轴

a）小径定心花键轴　b）大径定心花键轴

任务一　单刀加工小径定心花键轴

零件图

顺序号	训练内容	训练件名称	材　料	材料来源	转下次训练	件　数	工时/h
训练10-1	铣小径定心花键轴	铣花键轴	40Cr	阶梯轴		1	6

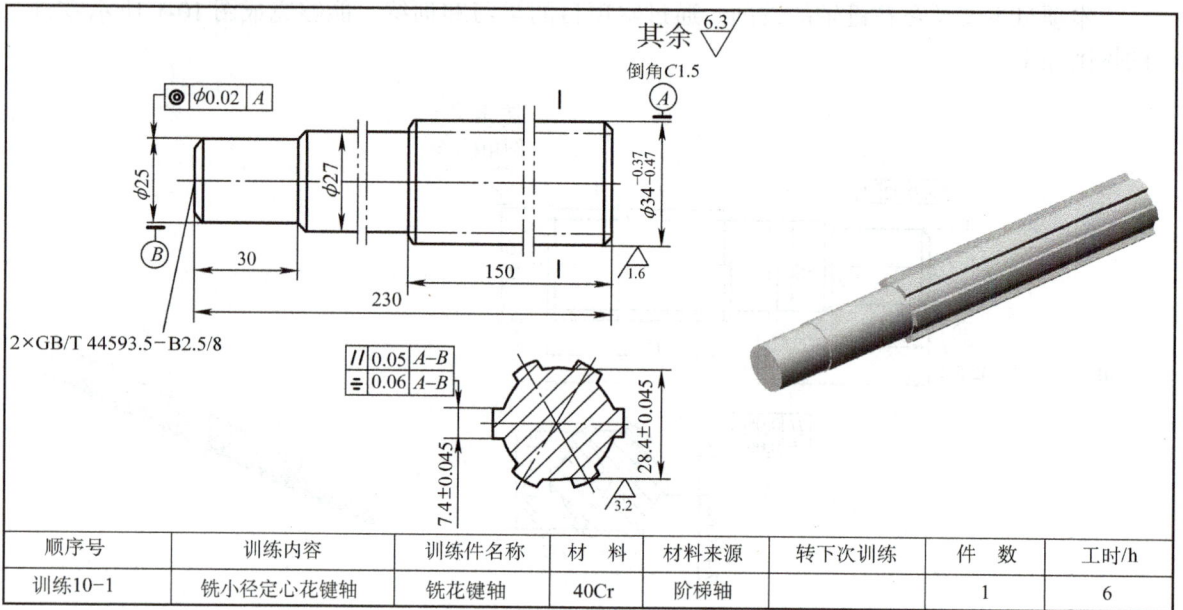

图 10-2　铣小径定心花键轴

学习目标

本任务是学习单刀加工小径定心花键轴。通过本任务的学习，要求了解花键轴的工艺要求，正确安装和找正工件，掌握铣削矩形齿花键的方法，了解花键轴的检验方法及分析铣削中出现的问题。

相关知识

一、万能分度头

1. 分度头的种类

万能分度头是铣床上重要精密附件，许多机械零件，如花键轴、牙嵌离合器、齿轮等，

在铣削时，需要利用分度头进行圆周分度，才能铣出等分的齿槽。在铣床上使用的分度头有万能分度头、半万能分度头和等分分度头 3 种。

目前常用的万能分度头型号有 F11100A、F11125A 和 F11160A 等。

2. 万能分度头的主要功用

1）能够将工件作任意的圆周等分，或通过交换齿轮作直线移距分度。

2）能在 $-6° \sim +90°$ 的范围内，将工件轴线装夹成水平、垂直或倾斜的位置。

3）能通过交换齿轮，使工件随分度头主轴旋转和工作台直线进给，实现等速螺旋运动，用以铣削螺旋面和等速凸轮的型面。

3. 万能分度头的外形结构与传动系统

F11125 型万能分度头在铣床上较常使用，其主要结构和传动系统如图 10-3 所示。

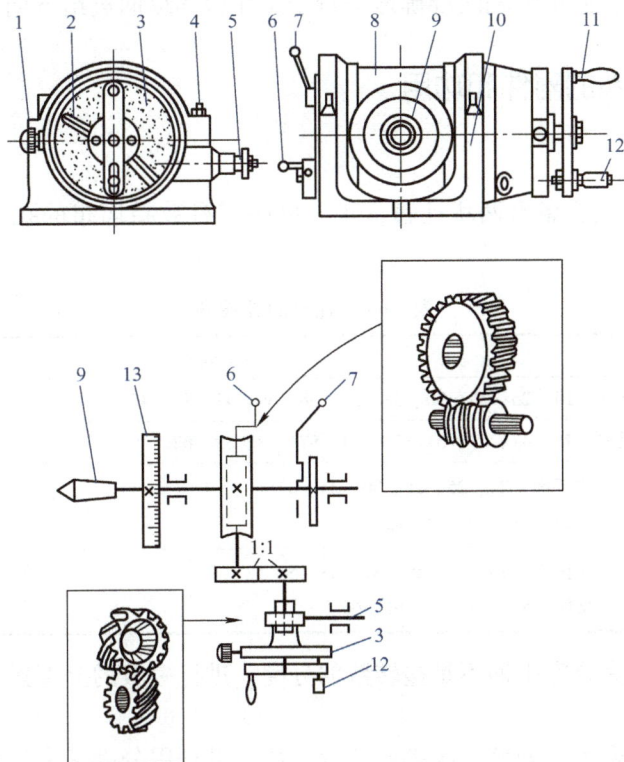

图 10-3　F11125 型万能分度头

1—孔盘紧固螺钉　2—分度叉　3—孔盘　4—螺母　5—交换齿轮轴　6—蜗杆脱落手柄
7—主轴锁紧手柄　8—回转体　9—主轴　10—基座　11—分度手柄　12—分度定位销　13—刻度盘

分度头主轴 9 是空心的，两端均为莫氏锥度 4 号内锥孔，前端锥孔用于安装顶尖或锥柄心轴，后端锥孔用于安装交换齿轮轴，作为差动分度、直线移距及加工小导程螺旋面时安装交换齿轮之用。主轴的前端外部有一段定位锥体，用于三爪自定心卡盘连接盘的安装定位。

装有分度蜗轮的主轴安装在回转体 8 内，可随回转体在分度头基座 10 的环形导轨内转动。因此，主轴除安装成水平位置外，还可在 $-6° \sim +90°$ 范围内任意倾斜，调整角度前应松开基座上部靠主轴后端的两个螺母 4，调整之后再将其紧固。主轴的前端固定着刻度盘

13，可与主轴一起转动。刻度盘上有 0°～360°的刻度，可作分度之用。

孔盘（又称分度盘）3 上有数圈在圆周上均布的定位孔，在孔盘的左侧有一孔盘紧固螺钉 1，用以紧固孔盘，或微量调整孔盘。在分度头的左侧有两个手柄：一个是主轴锁紧手柄 7，在分度时应先松开，分度完毕后再锁紧；另一个是蜗杆脱落手柄 6，它可使蜗杆和蜗轮脱开或啮合。蜗杆和蜗轮的啮合间隙可用偏心套调整。

在分度头右侧有一个分度手柄 11，转动分度手柄时，通过一对转动比 1:1 的斜齿圆柱齿轮及一对传动比为 1:40 的蜗杆副使主轴旋转。此外，分度盘右侧还有一根安装交换齿轮用的交换齿轮轴 5，它通过一对传动比为 1:1 的交错轴斜齿轮副和空套在分度手柄轴上的分度盘相联系。

分度头基座 10 下面的槽里装有两块定位键。可与铣床工作台面的 T 形槽直槽相配合，以便在安装分度头时，使主轴轴线准确地平行于工作台的纵向进给方向。

二、万能分度头的附件和功用

1. 孔盘

F11125 型万能分度头备有两块孔盘，正、反面都有数圈均布的孔圈，常用孔盘孔圈数见表 10-1。

表 10-1　孔盘的孔圈数

盘块面	盘的孔圈数
带一块盘	正面：24、25、28、30、34、37、38、39、41、42、43
	反面：46、47、49、51、53、54、57、58、59、62、66
带两块盘	第一块正面：24、25、28、30、34、37 反面：38、39、41、42、43
	第二块正面：46、47、49、51、53、54 反面：57、58、59、62、66

使用孔盘可以解决分度手柄不是整转数的分度，进行一般的分度操作。

2. 分度叉

在分度时，为了避免每分度一次都要计数孔数，可利用分度叉来计数，如图 10-4 所示。松开分度叉紧固螺钉，可任意调整两叉之间的孔数，为了防止分度手柄带动分度叉转动，用弹簧片将它压紧在孔盘上。分度叉两叉之间的实际孔数，应比所需的孔距数多一个孔，因为第一个孔是作起始孔而不计数的。图 10-4 所示为每分度一次摇过 5 个孔距的情况。

3. 前顶尖、拨盘和鸡心夹头

前顶尖、拨盘和鸡心夹头都是在支承和装夹较长工件时使用的。使用时，先卸下三爪自定心卡盘，将带有拨盘的前顶尖（图 10-5a）插入分度头主轴锥孔中，图 10-5b 所示为拨盘，用来带动鸡心夹头和工件随分度头主轴一起转动。图 10-5c 所示为鸡心夹头，工件可插在孔中用螺钉紧固。

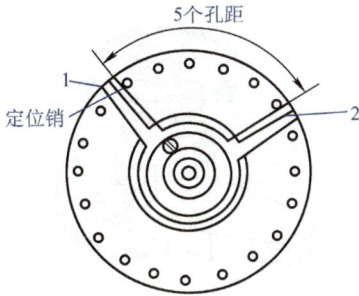

图 10-4　分度叉
1、2—分度叉脚

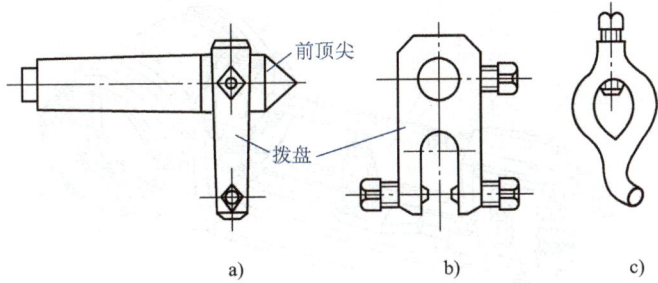

图 10-5　前顶尖、拨盘和鸡心夹头
a）前顶尖　b）拨盘　c）鸡心夹头

4. 三爪自定心卡盘

三爪自定心卡盘如图 10-6 所示，它通过连接盘安装在分度头主轴上，用来装夹工件。当扳手方榫插入小锥齿轮 2 的方孔 1 内转动时，小锥齿轮 2 就带动大锥齿轮 3 转动。大锥齿轮的背面有一平面螺纹 4，与三个卡爪 5 上的牙齿啮合，因此当平面螺纹转动时，三个爪就能同步进出移动。

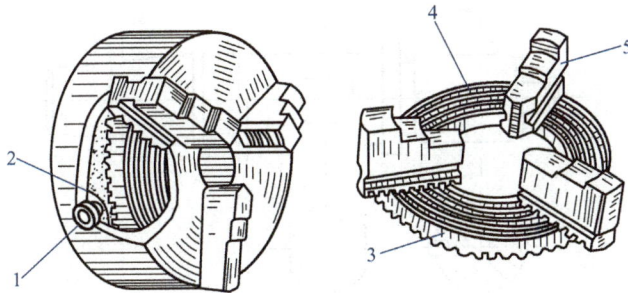

图 10-6　三爪自定心卡盘
1—方孔　2—小锥齿轮　3—大锥齿轮　4—平面螺纹　5—卡爪

5. 尾座

尾座与分度头联合使用，一般用来支承较长的工件，如图 10-7 所示。在尾座 1 上有一个顶尖，和装在分度头 4 上前顶尖或三爪自定心卡盘 3 一起支承工件 2 或心轴。转动尾座手轮，可使后顶尖进出移动，以便装卸工件。后顶尖可以倾斜一个不大的角度，同时顶尖的高低也可以调整。尾座下有两个定位键，用来保持后顶尖轴线与纵向进给方向一致，并与分度头轴线共线。

6. 千斤顶

为了使细长轴在加工时不发生弯曲、颤动，在工件下面可以支承千斤顶，分度头附件千斤顶的结构如图 10-8 所示。转动螺母 2 可使螺杆 1 上下移动。锁紧螺钉 4 是用来紧固螺杆的。千斤顶座 3 具有较大的支承底面，以保持千斤顶的稳定性。

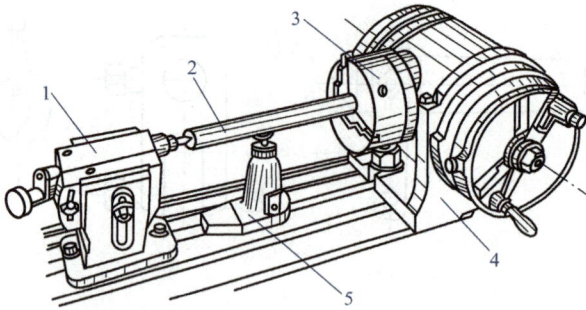

图 10-7　分度头及其附件装夹工件的方法
1—尾座　2—工件　3—三爪自定心卡盘　4—分度头　5—千斤顶

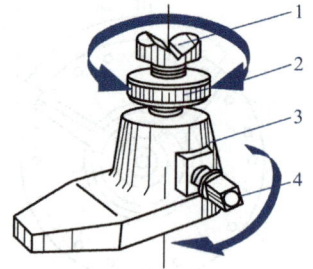

图 10-8　千斤顶
1—螺杆　2—螺母
3—千斤顶座　4—锁紧螺钉

7. 交换齿轮轴、交换齿轮架和交换齿轮

（1）交换齿轮轴　装入分度头主轴孔内的交换齿轮轴如图 10-9a 所示；装在交换齿轮架上的齿轮轴如图 10-9b 所示。

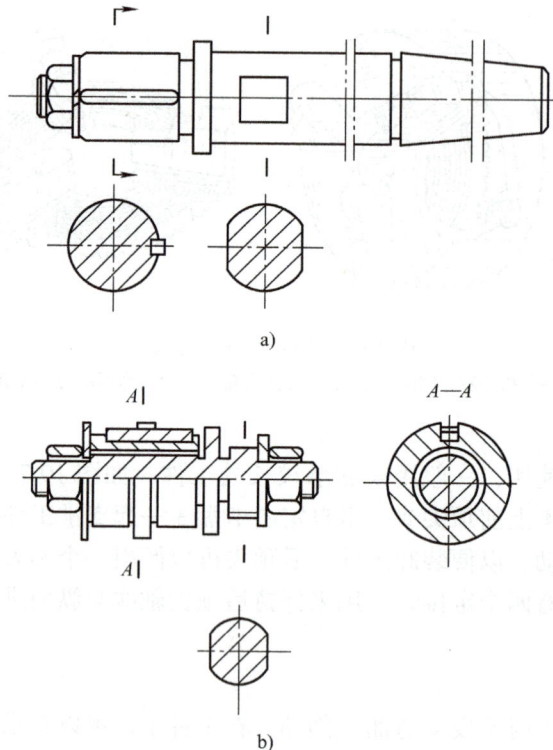

a)

b)

图 10-9　分度头交换齿轮轴
a）装入分度头主轴孔内的交换齿轮轴　b）装在交换齿轮架上的齿轮轴

（2）交换齿轮架　交换齿轮架安装于分度头侧轴上，用于安装交换齿轮轴及交换齿轮，如图 10-10 所示。

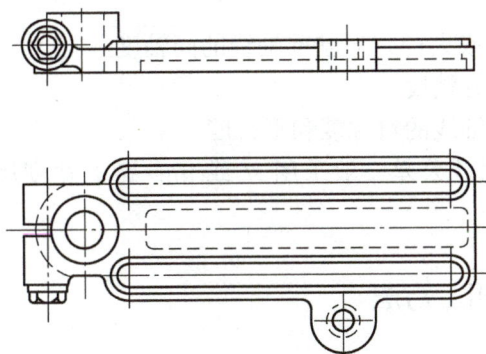

图 10-10　分度头交换齿轮架

（3）交换齿轮　分度头上的交换齿轮，用来做直线移距、差动分度及铣削螺旋槽等工件。F11125 型万能分度头有一套 5 的倍数的交换齿轮，即齿数分别为 20、25、30、35、40、50、55、60、70、80、90、100，共 12 只齿轮。

三、花键的种类及技术要求

1. 花键的种类

花键按其齿廓形状可以分为矩形、渐开线形、三角形和梯形四种。其中，矩形花键使用最广泛。矩形花键的定心方式有大径定心、小径定心和齿侧定心三种，如图 10-11 所示，其他齿形的花键一般都采用齿侧定心。

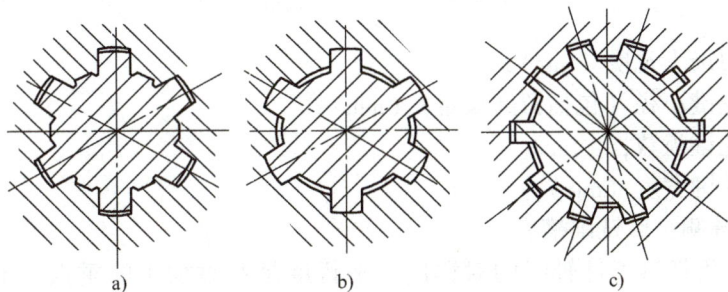

图 10-11　矩形花键定心方式
a）小径定心　b）大径定心　c）齿侧定心

我国现行国标 GB/T 1144—2001 中只规定了小径定心一种方式，因为小径定心稳定性好，精度高。而一些先进国家大都采用渐开线花键联接的齿侧配合制。

在普通铣床上，可加工修配用的大径定心矩形外花键，对小径定心的矩形外花键，一般只进行粗加工。

2. 矩形花键的技术要求

（1）尺寸精度　键的宽度和花键的定心面是主要配合尺寸，精度要求较高。

（2）表面粗糙度　键的两侧面和定心配合面的表面粗糙度，一般要求在 $R_a0.2 \sim R_a3.2\mu m$ 之间。

（3）形状和位置精度

1）外花键定心小径（或大径）对基准轴线的同轴度。

2）键的形状精度和等分精度。

3）键的两侧面对基准轴线的对称度和平行度。

花键的定心配合面的尺寸公差一般采用 f7 或 h7；键的宽度尺寸公差一般采用 f8 或 h8 和 f9 或 h9。

四、外花键的铣削加工方法

1. 单刀铣削

当工件的数量很少时，使用三面刃单刀铣削较为简便，如图 10-12a 所示。用这种方法加工，对铣刀的直径及铣刀的安装精度都没有很高的要求，但缺点是生产效率比较低。单刀铣削可采用先铣削中间齿槽，后铣削键侧的方法，也可以采用先铣削键侧，后铣削槽底的方法，这两种方法各有特点。

（1）先铣削中间槽，后铣削键侧

1）先铣削中间槽可以铣除花键加工的大部分余量，只留较少的余量铣削键侧，减少侧刃铣削次数。

2）借助中间槽的铣削位置，可通过计算，按横向移动 $(B+L)/2$ 调整键侧的铣削加工位置。

3）采用此种加工方法，三面刃铣刀的厚度受到一定限制，限制条件按下式计算，即

$$L' = d'\sin\left(\frac{180°}{N} - \arcsin\frac{B}{d'}\right)$$

式中　L'——铣刀最大宽度（mm）；

　　　d'——外花键小径（包括留磨余量）（mm）；

　　　N——外花键齿数；

　　　B——外花键宽度（mm）。

（2）先铣削键侧，后铣削槽底

1）键宽尺寸及其对工件轴线的对称度、平行度是花键加工的重点。不够熟练的操作者，可以利用较多的余量进行多次的试切测量，逐步达到图样要求。

2）可选用厚度较大的铣刀，提高了铣刀的刚度。

3）先铣削键侧，一次铣除的余量比较少，有利于减少铣削振动。

4）对于直径较大、齿数较少的花键，槽底中部残留余量比较多，直接用槽底圆弧单刀加工比较困难。

2. 组合铣刀侧面刀刃铣削

利用组合的两把三面刃铣刀的内侧刃，使花键的两个键侧同时铣出，如图 10-12b 所示。铣削时应掌握以下要点：

1）两把三面刃铣刀的直径相同，其误差应小于 0.2mm。

2）两把铣刀侧面刀刃之间的距离应等于花键键宽，使铣出的键宽在规定的公差范围内。

3）两把三面刃铣刀的内侧刃应对称于工件中心。方法是用试件试切一段后，将试件正反转过90°，用百分表测量键侧对称度误差。根据差值的一半移动工作台横向作精确调整。

3. 组合铣刀圆柱面刀刃铣削

利用组合的两把三面刃铣刀的圆柱面刀刃，使花键的两个键侧同时铣出。铣削时应掌握以下要点：

1）两把三面刃铣刀的直径要求严格相等，最好一次磨出。

2）利用铣床工作台的垂向移动量控制键的宽度。铣削时，先铣一刀，将工件转过180°再铣削一刀。用千分尺测量键宽后，按余量的一半上升工作台。重复以上铣削步骤，便能获得准确的键宽尺寸以及精度高的对称度。

3）两把铣刀之间的距离 s 为

$$s = \sqrt{d^2 - B^2} - 1$$

式中　d——外花键小径（mm）；

　　　B——外花键键宽（mm）。

s 值调整时一般控制在 ±0.5mm 的范围内。

4）两把三面刃铣刀的内侧刃对工件中心的对称度不要求十分准确。

5）分度头主轴和尾座顶尖必须同轴，加工时尾座的顶尖应顶得比较紧，否则，铣出的键宽两端尺寸会不一致。

4. 成形铣刀铣削

成批生产时，通常使用专用成形铣刀，一次铣削出花键槽，如图10-13所示。因此，此方法具有生产效率高、加工质量好和操作简便等优点。

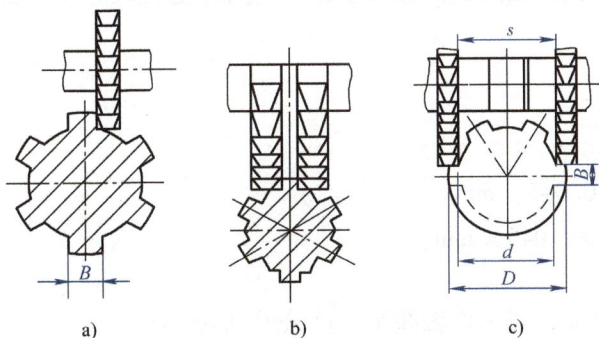

图 10-12　三面刃铣刀铣削外花键
a）单刀铣削　b）组合三面刃铣刀内侧刃铣削
c）组合三面刃铣刀圆周刃铣削

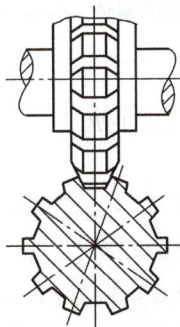

图 10-13　成形铣刀铣削外花键

铣削时，通过调整背吃刀量来控制键的宽度。因此，首件加工须细致地调整背吃刀量，以获得精确的键宽和小径尺寸。此外，加工前应进行"切痕对中"，并在逐步达到键宽尺寸的同时，通过百分表的检测和工作台横向微量调整，使键的两侧面达到对称度要求。

五、矩形外花键的检验与质量分析

检验外花键的方法与检验键槽的方法基本相同。在单件和小批生产时，使用千分尺检测键的宽度，用千分尺或游标卡尺检测小径，等分精度由分度头精度保证，必要时可用百分表检验外花键键侧的对称度误差，如图10-14a所示。在成批和大量生产中，可用图10-14b所示的综合量规检验。检验时，先用千分尺或卡规检验键宽，在键的宽度不小于最小极限尺寸的条件下，以综合量规能通过为合格。

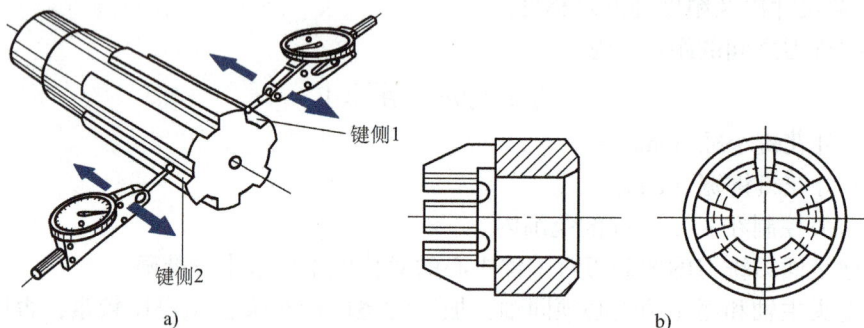

图 10-14 矩形外花键检验
a）用百分表检验对称度误差　b）用综合量规检验

技能训练

一、工艺分析

1）键宽 $B = 7_{-0.098}^{-0.040}$mm，$B' = (7.4 \pm 0.045)$ mm。

2）小径 $d = 28_{-0.041}^{-0.020}$mm，$d' = (28.4 \pm 0.045)$ mm。

3）大径 $D = 34_{-0.47}^{-0.37}$mm。

4）键对工件轴线的对称度公差 0.06mm，对工件轴线平行度公差 0.05mm。

5）大径表面的表面粗糙度为 $R_a1.6\mu m$，小径表面的表面粗糙度为 $R_a3.2\mu m$，其余（包括键侧）表面的表面粗糙度为 $R_a6.3\mu m$。

6）工件材料为40Cr合金结构钢，具有较高的强度。

7）工件是阶梯轴，花键在 $\phi34mm \times 150mm$ 外圆上贯通，两端有孔2.5mm的B型中心孔，而且有 $\phi25mm \times 30mm$ 的外圆柱面，便于工件定位装夹。

二、加工步骤

1. 工件的装夹

由形体分析可知，工件两端有中心孔，且具有可供夹紧的 $\phi25mm \times 30mm$ 圆柱面，既可

以采用两顶尖、鸡心夹头和拨盘装夹工件，也可以采用三爪自定心卡盘和尾座顶尖一夹一顶的方式装夹。本例选用 F11125 型万能分度头采用一夹一顶方式装夹。

2. 刀具的选择与安装

1）选择铣削键侧刀具。本例采用先铣削键侧后铣削槽底圆弧面的加工方法，铣刀的厚度不受严格限制，现选用 $63mm \times 8mm \times 22mm$ 直齿三面刃铣刀。

2）选择铣削槽底圆弧面刀具。本例采用成形单刀铣削。成形单刀如图 10-15 所示，其切削刃形状由工具磨床刃磨，圆弧部分的长度和半径尺寸应进行检验，侧刃夹角用游标量角器测量，如图 10-16a 所示。侧刃与圆弧刃的两个交点距离和圆弧半径通常可进行试件试切后，对切痕进行测量，如图 10-16b 所示。

3）安装铣刀。三面刃铣刀与装夹成形单刀头的紧固刀盘一起穿装在刀杆上，并有一定的间距。铣削槽底圆弧面的成形单刀头装夹方式如图 10-17 所示。

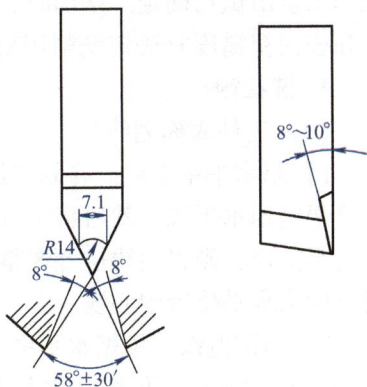

图 10-15 成形单刀

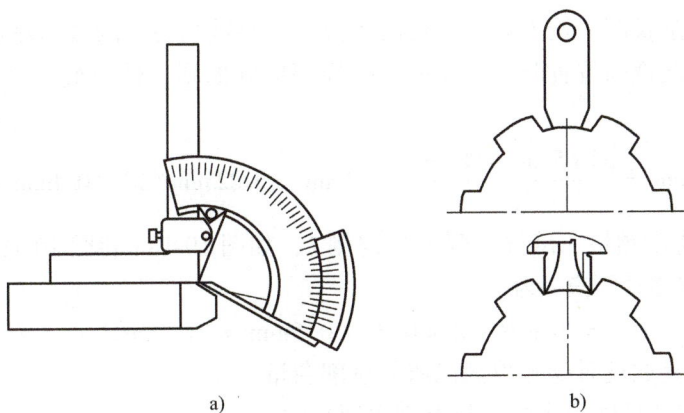

图 10-16 成形单刀的检验
a）侧刃夹角检验 b）圆弧刃检验

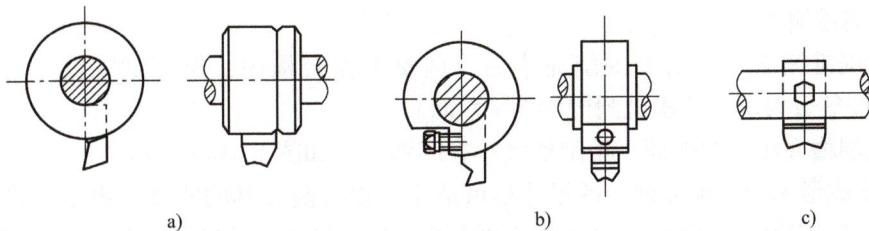

图 10-17 成形单刀的安装
a）用夹紧刀盘安装 b）用方孔刀盘安装 c）用方孔刀杆安装

3. 选择铣削用量

调整主轴转速 $n = 95r/min$，进给速度 $v_f = 47.5mm/min$（$f_z \approx 0.03mm/z$）。圆弧面单刀的铣削用量由试切确定。试切时，根据工件的振动情况、圆弧面的表面质量（包括圆弧的形状和表面粗糙度）确定铣削用量。

4. 铣花键

（1）工件表面划线

1）划水平中心线。将划线游标高度尺调整至分度头的中心高 125mm，在工件外圆水平位置两侧划水平线，然后将工件转过 180°，按同样高度在工件两侧重复划一次线。若两次划线不重合，则将划线位置调整在两条线的中间，再次划线，直至翻转划线重合。该重合的划线即为水平位置中心线。

2）划键宽线。根据水平中心线的划线位置，将游标高度尺调高或调低键宽尺寸的一半（本例为 3.7mm）。仍按上述方法，在工件水平位置的两侧外圆上划出键宽线。

（2）调整键侧铣削位置

1）划线后，将工件转过 90°，使键宽划线转至工件上方，作为横向对刀依据。调整工作台，使三面刃铣刀侧刃切削平面离开键侧 1 键宽线约 0.3 ~ 0.5mm，在横向刻度盘上用粉笔做记号并锁紧工作台横向。

2）根据花键铣削长度、铣刀切入和切出距离，调整铣削终点的自动停止限位挡块。

3）调整键侧垂向铣削位置时，先使铣刀圆周刃恰好擦到工件表面，然后工作台垂向上升 H 为

$$H = \frac{D' - d}{2} + 0.4mm = \frac{33.65mm - 28mm}{2} + 0.4mm = 3.225mm（式中 0.4mm 是键侧加深量）$$

（3）试切与对称度预检　试铣键侧 1 与键侧 2，如图 10-18a 和图 10-18b 所示。试铣键侧 2 时，工作台横向移动距离 s 为

$$s = L + B + 2 \times 0.3 ~ 0.5mm = 16.2mm$$

式中，0.3 ~ 0.5mm 是试铣时键侧单面保留的铣削余量。

预检键的对称度的具体操作方法与上例实训相同。

（4）铣削键侧 1　根据预检结果，若测得键侧 1 比键侧 2 少铣去 0.15mm，则将工件由水平预检测量位置转至上方铣削位置，然后调整工作台横向，将键侧 1 铣去 0.15mm。再次测量键宽尺寸，按工序图样的键宽尺寸与实测尺寸差值的一半调整工作台横向，按等分数分度，依次铣削键侧 1（六面）。

（5）铣削键侧 2　键侧 1 铣削完毕后，调整工作台横向，保证键宽尺寸达到 7.4 ± 0.045mm，按等分要求，依次铣削键侧 2（六面）。

（6）铣削槽底小径圆弧面　铣削槽底小径圆弧面，如图 10-18c 所示。

1）安装成形单刀。单刀伸出的尺寸尽可能小，以提高刀具的刚度。由于成形单刀铣削时常用圆弧切削刃对刀，因此应注意单刀的安装精度。目测检验安装精度的方法如图 10-19a 所示，借助的平行垫块尽可能长，若安装正确，垫块应与刀轴平行。

2）横向对刀。调整工作台，目测使单刀的圆弧切削刃的两个尖角与工件键顶同时接触，如图 10-19b 所示，对刀后锁紧工作台横向。

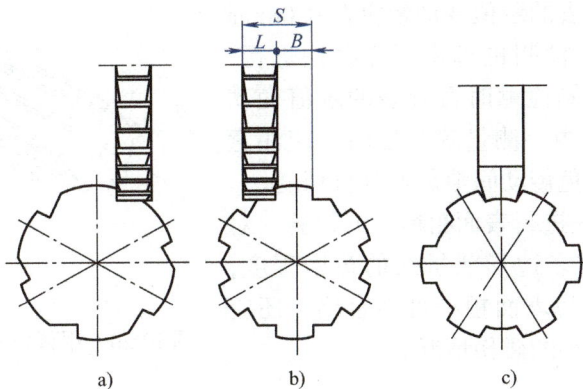

图 10-18　先键侧后槽底铣削花键步骤

a）铣削键侧 1　　b）铣削键侧 2　　c）铣削槽底小径圆弧面

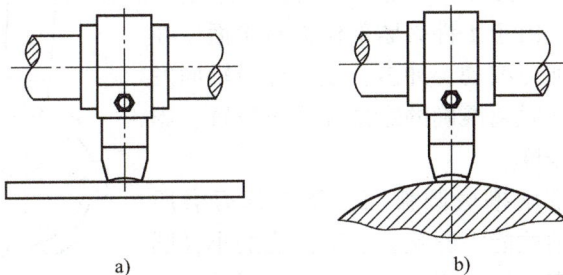

图 10-19　铣削槽底的单刀安装与对刀位置

a）目测检验单刀安装精度　　b）目测单刀横向对刀位置

3）调整工件转角。将工件由铣削键侧的位置转至铣削槽底位置。转角为 $\dfrac{\theta}{2} = \dfrac{180°}{N}$，本例为 $30°\left(n = 3\dfrac{22}{66}r\right)$。

4）试切预检小径尺寸。工作台垂向在槽底对刀，试切出圆弧面，工件转过 $180°$，按垂向同样铣削位置，试切出对应的圆弧面，用外径千分尺预检小径尺寸。

5）按实测尺寸与工序尺寸差值的一半调整工作台垂向。当试切的小径尺寸符合图样要求时，按工件等分要求，依次铣削槽底圆弧面，使小径尺寸达到 $28.4 \pm 0.045\text{mm}$。

三、质量检验

1）测量键宽和小径尺寸精度。用千分尺测量键宽尺寸应在 $7.355 \sim 7.445\text{mm}$ 范围内，小径尺寸应在 $28.355 \sim 28.445\text{mm}$ 范围内。

2）用百分表检测平行度、对称度和等分度误差。对称度的检验方法如图 10-14a 所示，检验一般在铣削完毕后直接在机床上进行。检验时，将工件通过分度头准确转过 $90°$，使键处于水平位置，用百分表检测键侧 1，翻转 $180°$，以同样高度检测键侧 2，检测点可在键侧

全长内多选几点，百分表的示值变动量应在 0.06mm 范围内；平行度误差的检测也可用同样办法进行，如图 10-20 所示，各键侧检测时百分表的示值变动量均应在 0.05mm 范围内。测量等分度时，应注意按原分度方向进行，以免传动间隙影响测量精度。

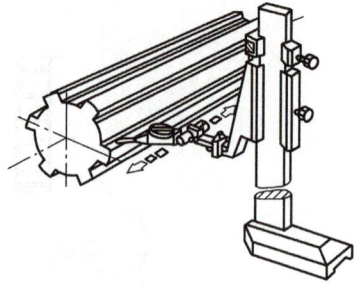

3）通过目测类比法进行表面粗糙度的检验。对槽底圆弧面，应目测其多边形状折线的疏密程度，若多边形明显，则可认为表面粗糙度不合格。还应目测检验键侧是否有微小的碰伤情况。

图 10-20　用百分表检测花键平行度误差

四、质量分析

1）本例采用分度头安装三爪自定心卡盘，并采用一顶一夹的方式装夹工件。由于工件夹紧部位无台阶面，在铣削过程中，可能因切削力波动、冲击，使工件沿轴向发生微量位移，从而使工件脱离准确的定位和找正位置，影响对称度、平行度和等分度。

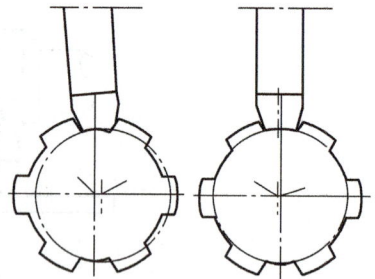

2）选用成形单刀铣削槽底圆弧面，受刀具刃磨质量、安装精度、刀具切削性能等影响，铣削而成的小径圆弧面形状和尺寸精度、表面粗糙度都会产生一些误差。例如，刀具几何角度不准确，可能引起切削振动，从而影响表面粗糙度；又如，刀具安装精度和对刀误差，可能会形成槽底圆弧面的不同轴，如图 10-21 所示。

图 10-21　槽底圆弧面的不同轴误差

检测与评价

表 10-2　花键轴检测与评价表

序号	检 测 内 容	配分	量具	检测结果	学生评分	教师评分
1	7.4±0.045mm	15				
2	28.4±0.045mm	15				
3	对称度公差 0.06mm	25				
4	平行度公差 0.05mm	25				
5	小径 $R_a3.2\mu m$	10				
6	键侧 $R_a6.3\mu m$	5×2				
7	安全文明生产	违纪一项扣 20 分				
	合计	100				

任务二　单刀加工大径定心花键轴

零件图

顺序号	训练内容	训练件名称	材　料	材料来源	转下次训练	件　数	工时/h
训练10-2	铣大径定心花键轴	铣花键轴	45	阶梯轴		1	6

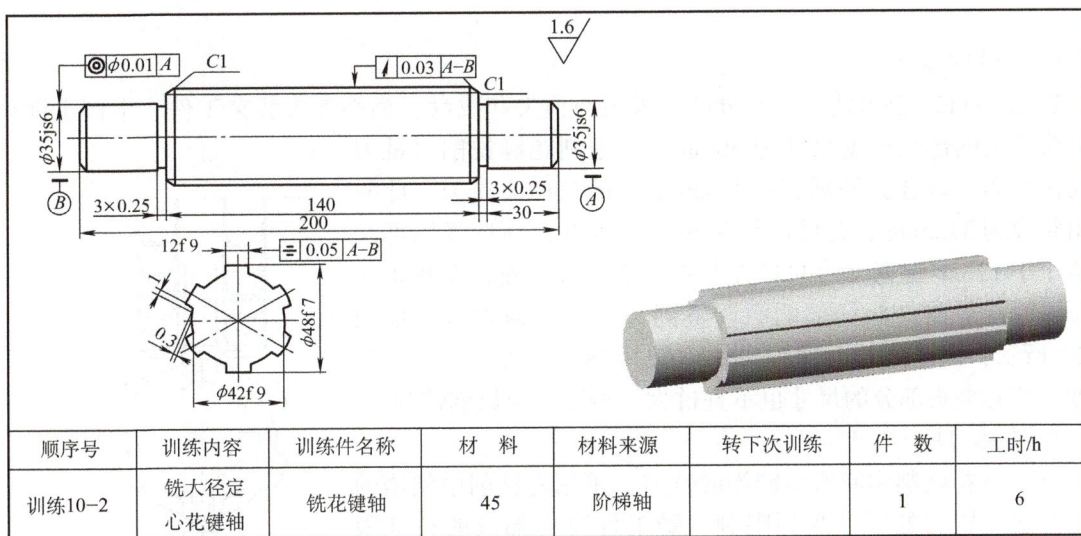

图 10-22　铣大径定心花键轴

学习目标

本任务是学习单刀加工大径定心花键轴。通过本任务的学习，要求了解花键轴的工艺要求，掌握正确安装和找正工件的方法，掌握铣削矩形齿花键的方法，了解花键轴的检验方法及分析铣削中出现的问题。

技能训练

一、工艺分析

1）花键键宽尺寸为 12f 9 即 $12_{-0.059}^{-0.016}$ mm，键宽对工件轴线的对称度公差为 0.05mm，平行度公差为 0.06mm。

2）小径尺寸为 ϕ42f 9 即 $\phi42_{-0.275}^{-0.025}$ mm。

3）花键大径尺寸为 ϕ48f 7 即 $\phi48_{-0.050}^{-0.025}$ mm。圆柱面的长度为 140mm。

4）在小径和键侧的连接部位，有深 0.3mm、宽 1mm 的沟槽。

5）工件的大径对轴线的径向圆跳动公差为 0.03mm。

6）工件的表面粗糙度值全部为 $R_a1.6\mu m$。

7）预制件的材料为 45 钢，其切削性能较好。

8）预制件为轴类零件，两端有定位中心孔，便于工件按基准定位，工件两端的直径为 $\phi35$ js6 即 $\phi35 \pm 0.008mm$，长度为 30mm，长度尺寸较小（仅 33mm），用鸡心夹头和拨盘装夹比较困难。

二、加工步骤

1. 工件的装夹

选用 F11125 型万能分度头分度，采用两顶尖和拨盘、鸡心夹头装夹工件。本例工件鸡心夹头装夹的部位长度尺寸为 30mm，考虑到花键铣削时铣刀的切出距离，若选择外圆直径为 $\phi63mm$ 的三面刃铣刀，此时切出距离为 31.5mm，有可能铣到夹头。因此，须选择柄部尺寸略小于 12mm 键宽尺寸的鸡心夹头夹紧工件，而且在找正铣削位置时，应将夹头柄部侧面调整到与某一键侧对齐，如图 10-23 所示，以避免铣削过程中铣刀铣坏鸡心夹头，影响加工精度。鸡心夹头部分的尺寸也不宜过大，否则也会影响铣削。

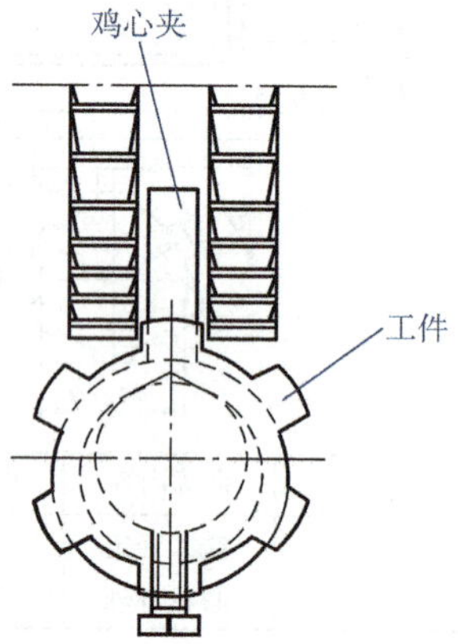

图 10-23　铣削时铣刀与工件、鸡心夹头的相对位置

2. 选择刀具

（1）选择铣削中间槽和键侧的铣刀　采用先铣削中间槽的加工方法，铣刀的厚度受到限制。受工件装夹部位的长度限制，铣刀的直径应尽可能小。选择时先按图样给定数据计算铣刀厚度限制条件。

1）按图样给定数据选择。

① $d = 42mm$，$d' = 42.40mm$（0.4mm 是小径磨削余量）。

② $B = 12mm$，$B' = 12.4mm$（0.4mm 是键宽磨削余量）。

$$L' = d'\sin\left(\frac{180°}{N} - \arcsin\frac{B'}{d'}\right) = 42.4mm \ \sin\left(\frac{180°}{6} - \arcsin\frac{12.4mm}{42.4mm}\right) = 9.53mm$$

2）按铣刀标准选择。选择 63mm × 22mm × 8mm 标准直齿三面刃铣刀。

（2）选择铣削小径圆弧面的铣刀　选用 63mm × 22mm × 1.60mm 的标准细齿锯片铣刀，用每铣一刀转动一个小角度，逐步铣出圆弧面的加工方法，铣削留有磨削余量的花键槽底小径圆弧面。

3. 大径定心花键工件的粗铣

（1）检验预制件　根据花键轴的一般加工工艺，在铣削花键前，定心大径应已经过磨削。预制件的检验主要是用千分尺测量工件 $\phi48mm$ 外圆的实际尺寸、圆柱度误差，以及

图 10-24　用两顶尖测量座测量预制件的圆跳动

用百分表、两顶尖测量座测量对两端中心孔定位轴线的径向圆跳动误差，如图10-24所示。也可以在机床上安装分度头后，用两顶尖顶装工件进行检验。本例预制工件的大径尺寸、圆柱度及径向圆跳动误差均符合图样要求。

（2）安装分度头和尾座　安装时注意底面和定位键侧的清洁度，在旋紧紧固螺栓时，可用手向定位键贴合方向施力。两顶尖的距离按工件长度确定，尾座顶尖的伸出距离要尽可能小一些，以增强尾座顶尖的刚度。按工件6齿等分数调整分度盘、分度销位置和分度叉展开角度。本例选用 $n = \dfrac{40}{z} = \dfrac{40}{6} = 6\dfrac{44}{66}$。

（3）装夹和找正工件　两顶尖定位并用鸡心夹头和拨盘装夹工件后，用百分表找正上素线与工作台面平行，侧素线与纵向进给方向平行，找正工件与分度头轴线的同轴度误差在0.03mm以内。若工件有几件，应找正尾座顶尖的轴线与工作台面平行，通常可借助尾座转体的上平面进行找正。

（4）安装铣刀　根据铣刀孔径选用 $\phi22$mm 刀杆，三面刃铣刀和锯齿铣刀安装的位置大致在刀杆长度的中间，并应有一定的间距，铣削时互不妨碍。因刀杆直径比较小，铣削时容易发生振动，在安装横梁和支架后，应注意调节支架刀杆支持轴承的间隙并加注润滑油。

（5）选择铣削用量　按工件材料（45钢）和铣刀的规格，调整主轴转速 $n = 95\text{r/min}$；进给速度 $v_f = 47.5\text{mm/min}$（$f_z \approx 0.03\text{mm/z}$）。在粗铣中间槽和侧面时，主轴转速可低一挡，在用锯片铣刀铣削圆弧面时，主轴转速和进给速度均可以高一挡。

（6）铣削加工花键

1）试切对刀。将鸡心夹头柄部置于水平位置，用切痕对刀法，调整三面刃铣刀铣削中间槽的位置，具体操作方法与用三面刃铣刀铣削轴上直角沟槽相同。使铣出的直角槽对称工件轴线。

2）调整铣削长度。本例花键虽然是在圆柱面上贯通的，但因受到装夹位置的限制，铣削终点位置应在铣刀中心刚过花键靠近分度头一侧的台阶端面为宜，并应注意不能铣到鸡心夹头。

3）中间槽铣出一段后，用百分表测量槽的对称度误差。测量时，先用外径千分尺测量槽的实际宽度尺寸，然后将工件转过90°，用杠杆百分表测量处于水平向上的槽侧面，再将工件按原方向转过180°，用处于原高度的杠杆百分表比较测量槽的另一侧面，若百分表示值不一致，则记住示值高的一侧，微量调整工作台横向，移动的方向是示值高的一侧靠向铣刀，移动的距离是两侧示值差的一半。重复以上过程，直至中间槽对称工件轴线。

4）调整中间槽的深度。中间槽深 H 按大径实际尺寸与小径留有磨量的尺寸确定。本例为 $H = \dfrac{D - d'}{2} = \dfrac{48\text{mm} - 42.4\text{mm}}{2} = 2.8\text{mm}$。

5）铣削中间槽。按试切的位置铣削第一条中间槽，然后按分度手柄转数 n 分度，依次铣削六条中间槽，如图10-25a所示。

6）调整键侧铣削位置。中间槽铣削完毕后，将分度头主轴转过 $\dfrac{\theta}{2} = \dfrac{180°}{N} = 30°\left(n = 3\dfrac{22}{66}\text{r}\right)$ 使键处于上方位置。根据原工作台横向位置，按实际槽宽尺寸 L' 和留有磨量

的键宽尺寸 B' 移动距离 s_1，如图 10-25b 所示，即

$$s_1 = \frac{L' + B'}{2} = \frac{8.1\text{mm} + 12.4\text{mm}}{2} = 10.25\text{mm}$$

即工作台横向移动 10.25mm。

7）预检键的对称度并铣削键侧 1。为了保证键的对称度，可按放磨键宽尺寸再留有 1mm 左右的余量（本例取余量 1mm，则试切时 $s_1 = 10.75$mm），试切键两侧，用杠杆百分表预检键的对称度，具体操作方法与测量槽的对称度相似。试切时，在移动 $s_1 = 10.75$mm 试铣键侧 1 后，工作台横向移动 $s_2 = 2s_1$，试铣键侧 2，然后用百分表比较测量键两侧，若测得键侧 1 与键侧 2 的示值不一致，可根据百分表的示值差，将高的一面余量铣去。

当键对称度误差达到图样要求时，用千分尺测量键宽尺寸，按键宽的实际尺寸与 12.4mm 差值的一半，准确移动工作台横向，此外，工作台垂向按键侧的深度 $H_1 \approx \frac{D - d'}{2} + 0.5$mm 调整，随后按等分要求，依次铣削各键键侧 1。

8）铣削键侧 2。按 $s_2 = 20.50$mm 横向准确移动工作台，铣削键侧 2。铣出一段后，可测量键宽尺寸，确保键宽尺寸在 12.4mm 的公差范围内。随后按等分要求，依次铣削各键键侧 2，如图 10-25c 所示。

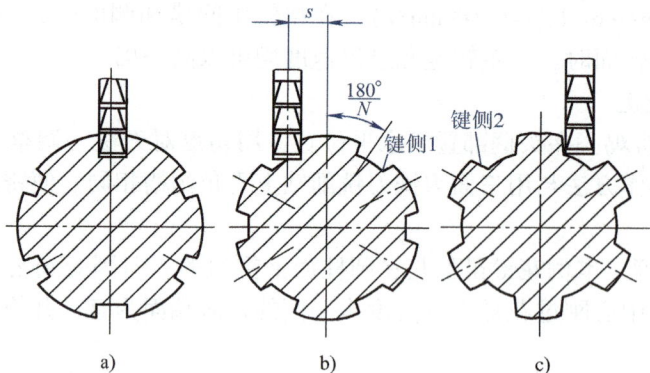

图 10-25　外花键先铣中间槽后铣键侧的加工步骤
a）铣削中间槽　b）铣削键侧 1　c）铣削键侧 2

9）铣削小径圆弧面。

① 对刀。调整工作台，目测使锯片铣刀宽度的中间平面通过工件轴线（即对中对刀），如图 10-26a 所示。将分度头主轴转过 30° 使工件槽处于上方位置，铣刀处于槽的中间位置。通过垂向对刀，确定小径铣削位置。

② 铣削小径圆弧面。调整工件的圆周位置，使锯片铣刀从靠近键的一侧处开始铣削，如图 10-26b 所示，并调节好纵向自动进给停止限位挡块，每铣削一刀后，应退刀，再摇动分度手柄，使工件转过一个小角度后，继续进行铣削。工件每次转过的角度越小，圆弧面的形状精度越高。铣削好一个槽的槽底圆弧面后，按起始或终点位置分度，依次铣削六个圆弧面。铣削时应注意，锯片铣刀不能碰伤键侧面。

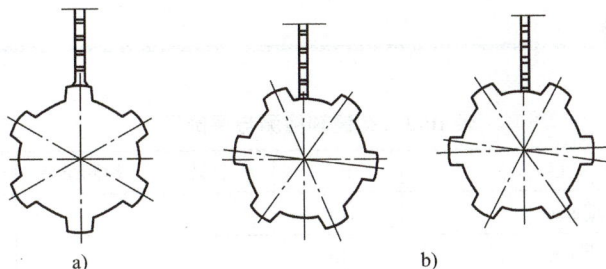

图 10-26 用锯片铣刀铣削槽底圆弧面
a) 锯片铣刀对刀位置 b) 锯片铣刀周向铣削位置

三、质量检测

1）用千分尺测量键宽和小径尺寸。键宽尺寸应在 12.355～12.445mm 的范围内；小径尺寸应在 42.295～42.505mm 的范围内。测量操作时，应注意在花键全长内多选几个测量点，应对各键都进行测量，测量数据可记录下来，以便进行合格判断和质量分析。

2）用百分表测量平行度、对称度和等分度误差。对称度误差的检验方法如图 10-14a 所示，检验一般在铣削完毕后直接在机床上进行。检验时，将工件通过分度头准确转过 90°，使键处于水平位置，用百分表测量键侧 1，翻转 180°，以同样高度测量键侧 2，测量点可在键侧全长内多选几点，百分表的示值变动量应在 0.05mm 范围内；平行度误差的测量也可用同样办法进行，如图 10-20 所示，各键侧测量时百分表的示值变动量均应在 0.06mm 范围内。测量等分度误差时，应注意按原分度方向进行，以免传动间隙影响测量精度。

3）通过目测类比法进行表面粗糙度的检验。对槽底圆弧面，应目测其多边形状折线的疏密程度，若多边形明显，则可认为表面粗糙度不合格。还应目测检验键侧是否有微小的碰伤情况。

四、质量分析

1）在采用三面刃单刀铣削外花键时，由于铣削操作上的失误，如中间槽加工后横向移动距离计算错误、横向调整不准确、预检测量有误差、试切调整键侧对称度和键宽时余量控制不合理、分度不准确等原因，均可能引起花键键宽尺寸和等分度误差超差。

2）在安装找正分度头、装夹找正工件时，由于测量及操作上的失误和不准确，如分度头尾座的顶尖轴线与工作台面和进给方向不平行、两顶尖轴线不同轴、工件装夹后与分度头同轴度误差较大、尾座顶尖顶得较松等原因，可能会引起花键等分度、平行度和对称度超差。

3）采用锯片铣刀铣削花键槽底小径圆弧面时，因操作上的失误会引起较大的加工误差。譬如铣削起点和终点位置过于靠近键侧，会碰伤键侧；每铣一刀分度头转过的小角度较大，会引起较大的表面形状误差；锯片铣刀铣削时铣刀径向圆跳动大或进给量过大，加工表面出现振纹，使表面粗糙度值不合格等弊病。

检测与评价

表 10-3　花键轴检测与评价表

序号	检测内容	配分	量具	检测结果	学生评分	教师评分
1	$12_{-0.059}^{-0.016}$ mm	15				
2	$\phi 42_{-0.275}^{-0.025}$ mm	15				
3	对称度公差 0.05mm	25				
4	平行度公差 0.06mm	25				
5	$R_a 1.6 \mu m$	20				
6	安全文明生产	违纪一项扣 20 分				
	合计	100				

参 考 文 献

[1] 胡家富. 铣工（初级）[M]. 北京：机械工业出版社，2006.

[2] 胡家富. 铣工（中级）[M]. 北京：机械工业出版社，2006.

[3] 钱林福. 铣工技能实战训练（入门版）[M]. 北京：机械工业出版社，2006.

[4] 胡家富. 铣工技能实战训练（提高版）[M]. 北京：机械工业出版社，2004.

[5] 张培君. 铣工生产实习 [M]. 北京：中国劳动社会保障出版社，2004.

信 息 反 馈 表

尊敬的老师：

您好！机工版大类专业基础课中等职业教育课程改革国家规划新教材与您见面了。为了进一步提高我社教材的出版质量，更好地为我国职业教育发展服务，欢迎您对我社的教材多提宝贵意见和建议。如贵校有相关教材的出版意向，请及时与我们联系。感谢您对我社教材出版工作的支持！

您的个人情况							
姓　名		性　别		年　龄		职务/职称	
工作单位 及部门				从事专业			
E-mail		办公电话/手机			QQ/MSN		
联系地址					邮编		

您讲授的课程情况			
序号	课程名称	学生层次、人数/年	现使用教材
1			
2			
3			

贵校机械大类专业基础课程的相关情况
1. 在哪些方面有优势、特色？特色课程有哪些？
2. 您觉得贵校在专业基础课程中是否存在教材短缺或不适用的情况？都有哪些？
3. 贵校老师是否有创新教材希望出版？如何联系？

您对《金属加工与实训——铣工实训》教材的意见和建议
1. 本教材错漏之处：
2. 本教材内容和体系不足之处：

请用以下任何一种方式返回此表（此表复印有效）：

联系人：张云鹏　编辑

通信地址：100037 北京市西城区百万庄大街 22 号机械工业出版社中职教育分社

联系电话：010 - 88379201　E-mail：dadidoo@163. com　传真：010 - 88379181

教学资源网上获取途径

　　为便于教学，机工版大类专业基础课中等职业教育课程改革国家规划新教材配有电子教案、助教课件、视频等教学资源，选择这些教材教学的教师可登录机械工业出版社教材服务网（www.cmpedu.com）网站，注册、免费下载。会员注册流程如下：

教材服务网会员注册流程图

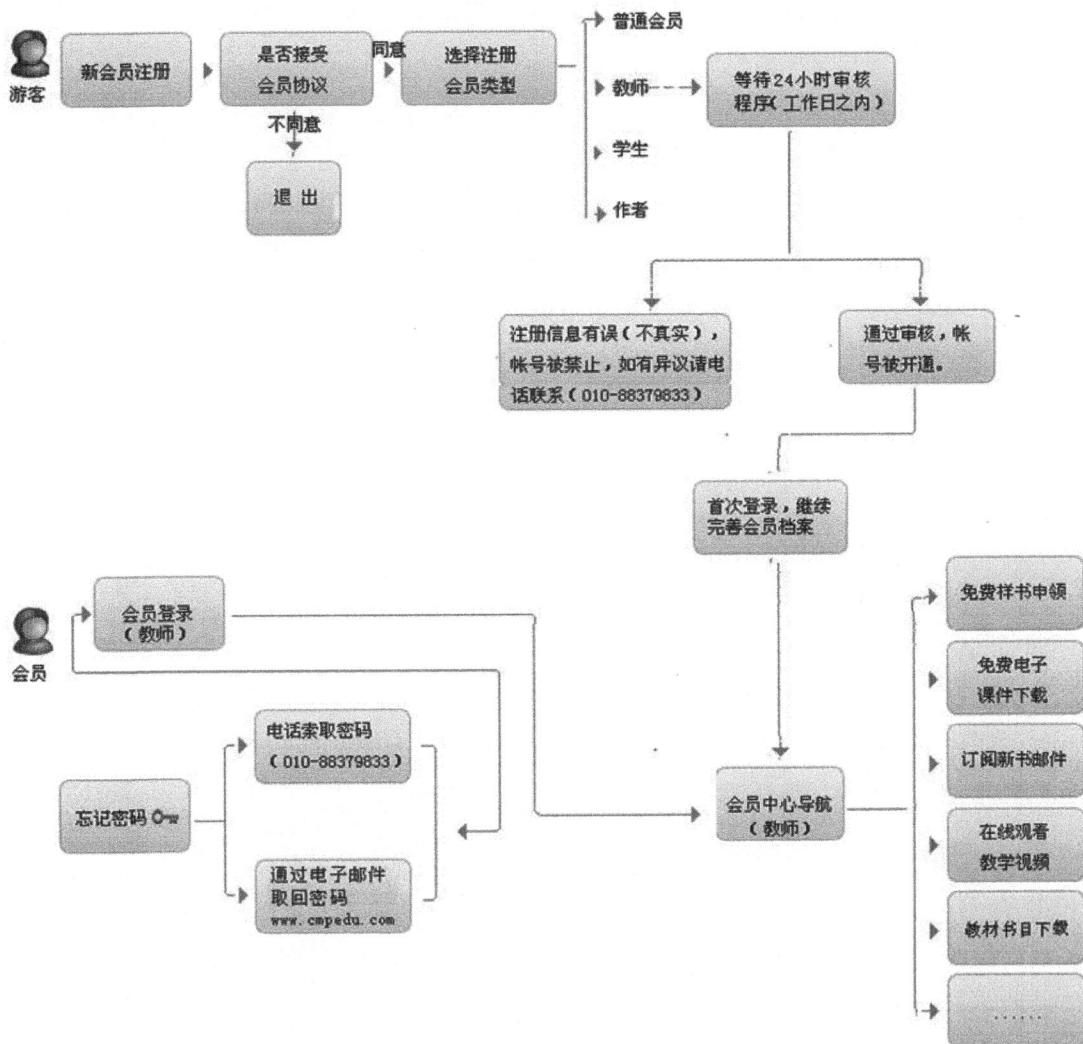